中华
传统文化里的
"三月三"

本书编写组 编

ZHONGHUA
CHUANTONG
WENHUA
LI DE
"SANYUESAN"

广西人民出版社

图书在版编目（CIP）数据

中华传统文化里的"三月三" / 本书编写组编 . — 南宁：广西人民出版社，2024.4（2024.12重印）
ISBN 978-7-219-11735-4

Ⅰ. ①中… Ⅱ. ①本… Ⅲ. ①节日—风俗习惯—中国 Ⅳ. ①K892.1

中国国家版本馆 CIP 数据核字（2024）第 045279 号

策　　划	赵彦红
执行策划	李彦媛　罗雯
责任编辑	曾蔚茹　钟建珊
责任校对	梁小琪　黄熠
整体设计	李彦媛
内文撰写	胡顺成　吕妍　张煜璇
插图绘制	温婧

出版发行	广西人民出版社
社　　址	广西南宁市桂春路6号
邮　　编	530021
印　　刷	广西民族印刷包装集团有限公司
开　　本	787mm×1092mm　1/16
印　　张	13
字　　数	130千字
版　　次	2024年4月　第1版
印　　次	2024年12月　第3次印刷
书　　号	ISBN 978-7-219-11735-4
定　　价	66.00元

版权所有　翻印必究

目录

序　古老而又年轻的"三月三" / 001

神秘浪漫的远古记忆 / 007

起源故事中的"三月三" / 010

民俗故事中的"三月三" / 021

传承千年的春日序曲 / 047

周至秦汉：祓禊祈吉踏春行 / 049

魏晋：水滨宴饮修禊事 / 064

隋唐：盛会空前万象新 / 080

宋元：古俗流转焕新彩 / 102

明清：歌传丹陆情意深 / 121

神州大地的春意春趣 / 135

广西：潮起八桂，壮美华章 / 137

浙江：畲歌嘹亮，欢乐共享 / 161

湖南：浓情潇湘，多彩民俗 / 168

海南：花开三月，山海相约 / 175

云南：七彩春天，缤纷佳节 / 184

贵州：春风黔行，飞歌踏舞 / 192

序
古老而又年轻的"三月三"

"三月三",古称上巳节,它历史悠久、覆盖范围广阔,是中华民族的传统节日。它发端于周秦时代,定名于汉魏六朝,并确定在农历三月初三举行,此后经隋唐宋元明清,传承至今,仍然以不同的节俗形式活跃在民众的生活中。特别是在祖国西南地区仍为许多民族所传承,并且在现代生活环境中生机勃勃。这是节日文化作为铸牢中华民族共同体意识的真实力量的鲜活呈现。

《中华传统文化里的"三月三"》是一部应时的丰厚之作。我们不妨打开在历史长河中流传了千年的"三月三"画卷,在春和景明的阳春三月,体会中国人的思想观念、生存智慧与人生态度。

"三月三"是古老的,它起源于古老的生命意识与自然信仰,它与我们的时间意识和群体生活相伴而生。在四季中,我们最欣赏春天,我们为之歌唱。从《诗经》里,我们看到春秋时期中原的溱、洧二水间,年轻的男女相会于水滨,袚禊游欢,以春水荡涤冬日郁积于心的秽气,让冬眠的生命重新焕发力量。古人认为,人的生命如草木荣枯,需要不断浇灌能量。而万物充满生机的春天,就是我们重新获得生命力量的季节加油站,我们的先民选择了三月上巳(后将时间确定为农历三月初三)作为"招魂续魄"的重生节日。在清澈流水之中,人们洗涤身体与灵魂,以集体参与的仪式,象征人们获得新生。

"三月三"是神圣的。春回大地的季节,是新生的重要时节,不仅普通人要袚禊求吉,我们的先贤、创世大神也与这一时节关系密切。"盘古开天三月三",创世大神盘古在"三月三"分开了天地,以身体化生万物,为我们营造了家园。传说道教的主神真武大帝与西王母都生于"三月三"。"三月三,生轩辕",神话传说中轩辕黄帝生于"三月三"。作为人文始祖黄帝的诞辰,"三月三"当然是一个永远值得纪念的节日。民间更是将"三月三"奉为祭祀先祖的日子,这可能是源自古老的习俗。

"三月三"是欢乐的。"三月三"是呼唤生命回归的节日,中国人深知生命的养护来自自然山水,以及我们与自然山水相依的人情人性的温暖。"三月三日天气新，长安水边多丽人"，人们依傍水滨，男女欢会，有生命的精神更新，也有对生命自然延续的祈求。后来的歌圩、歌会，男女对歌、抛绣球的习俗，往往由此而生。刘三姐乃歌圩风俗之女儿，她不仅将歌唱的欢乐留给广西，而且将之送给了世界。值得特别传颂的是，东晋永和九年（353年）三月初三，它是"三月三"在历史中最光耀的时刻，"天朗气清，惠风和畅"，一群文人学士在会稽山阴兰亭的茂林修竹间雅集，赋诗作词、曲水流觞，文辞结为《兰亭集》，"书圣"王羲之为此题写《兰亭集序》，留下千古名篇，成就了中国文化史上的一段佳话。"三月三"兰亭诗会的传统传承至今，成为文旅融合、山水旅游的经典案例。今天，遍布广西城乡的"三月三"歌会，是古老传统的当代新生，是我们文旅融合、社会和谐的美好路径。

"三月三"，是多民族的民俗节日，许多民间传说、民间祭祀、民间饮食、民间娱乐等都荟萃于"三月三"。我们从本书丰富多样的资料叙述中，对之能有直接的感受。读到畲族"三月三"的乌米饭，我想起了年少时的"三月三"饮食，当时我母亲每年"三月三"都要煮芥菜糊给我们兄弟吃,说"三月三,吃菜糊,烫鬼嘴",亲邻为之发笑,他们不理解我母亲家乡的习俗。本书最大的特色,是它扣住了"三月三"的习俗文化,围绕祖国大地的"三月三",进行详略有序的描述,我们由此获得节日文化带来的充实与温暖。为便于大家的阅读理解,本书还精心配置了美而雅的图像,这些图像为本书增色添香。

"三月三",古老而灵动,厚重而丰富,神圣而世俗。"三月三"的欢乐,是中国的,也是亚洲的。日本、韩国、越南、新加坡等国也有受"三月三"影响的传统节日,人类文明在交流互鉴中丰富多彩。

在建设中华民族现代文明的伟大事业中,民族传统节日,是中华传统文化的重要组成部分,是构成中华民族现代文明的重要资源与精神动力之一。我们不仅有系统的二十四节气的时间制度,还有完整的传统节日体系。"三月三"作为我们的节日,是中华民族优秀传统文化的重要组成部分,保护、传承、欣赏"三月三",是我们的义务与责任,也是丰富与提升我们的生活品质,使我们民族的春天更为生机勃发的精神动力。

  值此书出版之际，感动于编写团队的奉献，也为我们的节日保护和传承鼓与呼。因此奉短序，以表芹献之诚。

北京师范大学教授、博士生导师
中国民间文艺家协会节日文化中心主任 萧放
2023 年 8 月 10 日
修改定稿于北京

神秘浪漫的远古记忆

中华传统文化里的「三月三」

　　说到"三月三"，你首先想到的是什么？是春光潋滟踏青赏花，还是感念先祖缅怀恩德；是曲水流觞文人雅集，还是以歌传情的民俗盛会……

　　源远流长的"三月三"有着太多的内容值得我们去探索。关于它的前身，最早可追溯至古代的上巳节。"巳"，是地支之一，古时以农历三月的第一个巳日为"上巳"，也称为"元巳"，日期大致就在农历三月初三。所以，"三月三"是中国农耕文明非常具有代表性的岁时节日。

　　作为一个古老的节日，中华大地上流传着许多与"三月三"有关的神话及传说。盘古造化万物、伏羲与女娲、轩辕黄帝的诞生……这是我们先民对于"三月三"起源神秘而浪漫的想象。简狄吞卵生子、西王母的蟠桃会、特掘扫墓、刘三姐对歌……每一种"三月三"习俗的背后都蕴含着丰厚且深邃的文化内涵。接下来，就让我们穿越无尽的时空，追溯千年的文明，开启一场关于"三月三"的奇妙之旅。

天干地支

　　古时候，人们用干支来纪年和表示方位。干支是天干和地支的合称。其中，天干有十个，分别是甲、乙、丙、丁、戊、己、庚、辛、壬、癸；地支有十二个，分别是子、丑、寅、卯、辰、巳、午、未、申、酉、戌、亥。十天干和十二地支依次相配，组成六十个基本单位，两者按固定的顺序相互配合，组成了干支纪元法。

天干
甲 乙 丙 丁 戊
己 庚 辛 壬 癸

地支
子 丑 寅 卯 辰 巳
午 未 申 酉 戌 亥

起源故事中的"三月三"

"三月三"作为一个有着古老历史的节日，关于它诞生的故事神秘而悠远，与中华民族的起源息息相关。这些故事穿越千年，承载着悠久的历史文化记忆，展示了优秀的传统文化精神，在人们口口相传中生生不息。

盘古造化万物

"三月三,盘古山",盘古开天辟地是中华民族古老的传说之一。传说农历三月初三是盘古化生万物的日子。三国吴人徐整《三五历纪》对此记录较为详细,说天地初开,"首生盘古,垂死化身,气成风云,声为雷霆,左眼为日,右眼为月,四肢五体为四极五岳,血液为江河,筋脉为地里,肌肉为田土,发髭为星辰,皮毛为草木,齿骨为金石,精髓为珠玉,汗流为雨泽。身之诸虫,因风所感,化为黎甿"。这里指出开天辟地时首先出生的是盘古。盘古临死前变化自身:他呼出的气变成风云,声音变成雷霆,左眼变成太阳,右眼变成月亮,四肢五体变成四根撑天的柱子和五方名山(即东岳泰山、西岳华山、南岳衡山、北岳恒山、中岳嵩山),血液变成奔流不息的江河,筋脉变成山脉和道路,肌肉变成田地,毛发变成天上的星辰,皮肤变成草木,牙齿变成金属矿物和石头,精髓变成珍珠和玉石,汗水变成润泽万物的雨露。他身上的寄生物,由于受到风的催化,变为大地上的黎民百姓。

世传盘古氏三月初三升天,于是在每年阳春三月花开时,各地举办庙会以纪念盘古。在河南省驻马店市泌阳县城南十五公里处的盘古山,是传说中盘古开天辟地、造化万物的地方。每年农历三月初三,盘古山一带的人们都要举办为期五天的盘古会。人们一路焚香,到山顶盘古寺祭祀,规模盛大,体现了人们对盘古的虔诚信仰。

追念伏羲与女娲

关于"三月三"起源的其中一个说法是为了追念伏羲、女娲，他们都是我国传说中的创世神。东汉王延寿的《鲁灵光殿赋》描述"伏羲鳞身，女娲蛇躯"，就是说，伏羲身上覆盖着鳞片，女娲则长着蛇的身体。

"女娲造人"的故事大家都耳熟能详，传说，女娲就是在"三月三"这一天创造了人类。关于女娲造人的方式主要有三种说法，即化生人类、抟土造人，以及和伏羲孕育人类。

化生人类的说法出现得比较早，《山海经·大荒西经》中记载："有神十人，名曰女娲之肠，化为神，处栗广之野，横道而处。"东晋文学家郭璞对此注解道："女娲之肠或作女娲之腹。"又云："女娲，古神女而帝者，人面蛇身，一日中七十变，其腹化为此神。"意思

是，女娲是古代主宰天地的女神，她长着人的面孔，有蛇一样的身体，一日之内，形态变化万端，"女娲之肠"也可以称作"女娲之腹"，化作了十个神人。

抟土造人可能是流传最广的女娲造人故事。《全后汉文》卷三十六记载："俗说天地开辟，未有人民。女娲抟黄土作人，剧务，力不暇供，乃引绳于泥中，举以为人。"传说当时天地刚刚开辟，还没有人，于是女娲手捧泥土，根据自己的形象捏出了一个个人。但捏了一阵子之后，她觉得有些疲倦，于是就用一根绳子蘸泥在空中挥洒，泥点落到地上，也同样变成了人。

此外，中华大地还流传着伏羲与女娲共同孕育人类的故事，"兄妹配偶"是伏羲、女娲传说最基本的轮廓。[1]《路史·后纪》引《风俗通》："女娲，伏希（羲）之妹。"他们兄妹二人成婚、繁衍后代，孕育了人类。唐李冗的《独异志》记录了这么一则故事，说是宇宙初开时，天地之间还没有其他人，只有伏羲、女娲兄妹二人住在昆仑山，商量着想结为夫妻，又觉得有些羞耻，于是兄妹二人一起登上昆仑山，上香请求天的示意。兄妹说："上天若让我兄妹二人结为夫妻，烟就聚集起来，若不能，便让烟散开。"之后，两股烟合而为一。于是兄妹二人结婚，人类降生了。

伏羲、女娲的形象，一般来说是人面蛇身。尤其是吐鲁番出土的《伏羲女娲图》绢画，伏羲左手执矩，女娲右手执规，人首蛇身，男女上身相拥，中间两臂相连，交尾成螺旋状。绢画上方有日，下

[1] 闻一多：《伏羲考》，上海古籍出版社，2006。

方有月，周围布满星辰。我国古代有"天圆地方"之说，女娲执规象征天，伏羲执矩象征地。

伏羲同时还是古代传说中华夏的人文始祖，三皇之首。《易·系辞下》记载：

〔唐〕佚名
《伏羲女娲图》

> 古者包牺氏之王天下也，仰则观象于天，俯则观法于地，观鸟兽之文，与地之宜。近取诸身，远取诸物，于是始作八卦，以通神明之德，以类万物之情。作结绳而为网罟，以佃以渔，盖取诸离。

这段话描述了伏羲作为天下的君王，抬头观察天文气象，俯身观察地理形状，观察鸟兽的痕迹和地上植物的生长情况。近处取法人体的形象，远处取法万物的形象，由此开始创作八卦，用八卦来会通神奇，显示天下万物的性质，类比万物的情态。伏羲结绳做网，教人们用此来捕鸟兽和捉鱼，这是取法于"离"卦而来的。

《白虎通义》卷一记载："古之时未有三纲六纪，民人但知其母，不知其父……因夫妇，正五行，始定人道……"以前的人们只知其母不知其父，处于原始群婚状态，伏羲制定了嫁娶制度，使人们有了婚姻家庭，结束了长期以来的群婚状态。《世本·作篇》载："伏羲制以俪皮嫁娶之礼……"俪皮，指的是成双的鹿皮。这里是说，伏羲制定了婚姻嫁娶的时候用成双的鹿皮作为礼品的礼节。此外，伏羲还造书契、结网罟、取火种、养牺牲、作甲历、创礼乐、立占筮、设九部、以龙纪官等。这些发明创造涉及物质文化、制度文化、精神生活等众多方面，对中华文明初创具有奠基性的贡献。

今天，中国许多地方都有在"三月三"前后祭祀伏羲、女娲的习俗。比如河南淮阳一带尊称伏羲为"人祖爷"，每年农历二月初二到三月初三会举办人祖庙会，活动历史悠久、规模宏大。

黄帝诞辰

黄帝是古代华夏部落联盟首领，被视为中华始祖之一，在中华民族文化中占有重要位置。《史记》开篇《五帝本纪》中，黄帝位居五帝之首，确立了其远古第一帝的地位。关于"三月三"起源的其中一个说法就与黄帝的诞辰有关。

我国自古有"二月二，龙抬头。三月三，生轩辕"的说法。在传说中，黄帝由其母附宝感大电而生[1]，就是说附宝被围绕北斗天枢星的大电照耀后受孕生下了黄帝。《史记·五帝本纪》中就记载了这个故事：

> 黄帝者，少典之子，姓公孙，名曰轩辕。生而神灵，弱而能言，幼而徇齐，长而敦敏，成而聪明……轩辕乃修德振兵，治五气，蓺五种，抚万民，度四方，教熊罴貔貅貙虎……而诸侯咸尊轩辕为天子，代神农氏，是为黄帝。

可见，黄帝姓公孙，名叫轩辕。轩辕一生下来就显得神异灵敏，没多久便能说话，幼年时聪明机敏，长大后笃实敏捷，成年以后明察事理。他修行德业，整顿军队，研究四时节气变化，种植五谷，安抚民众，丈量四方的土地，驯化猛兽。因此，诸侯都尊奉轩辕为天子，取代神农氏，这就是黄帝。黄帝因统一华夏部落与征服东夷、

---

[1] 柏明、李颖科：《黄帝与黄帝陵》，西北大学出版社，1990。

九黎的伟绩被载入史册。

传说黄帝在位期间，播百谷，种草木，创造了舟车，推广算术、音律等，大力发展生产。在医药上，黄帝还与岐伯等讨论病理，因此，在民间，黄帝还常以医祖的形象出现。元世祖把黄帝确定为医家的祖师，并命令在各地仿照孔子庙设立三皇庙。三皇庙很快就在民间普及，有的地方也称之为"药皇庙"。《明史·礼志》记载："明初仍元制，以三月三日、九月九日通祀三皇。"

据考古发现和专家考证，轩辕黄帝故里在今河南省郑州市下辖的新郑市。"三月三"登具茨山（俗称"始祖山"）朝拜黄帝在春秋时期的历史典籍中就有记载，唐代以后渐成规制。

明太祖朱元璋进一步将黄帝陵祭祀仪式从国家层面上加以规范，除了规定每三年举行一次祭典仪式，他还亲自书写祭文：

朕生后世，为民于草野之间。当有元失驭，天下纷纭，乃乘群雄大乱之秋，集众用武。荷皇天后土眷佑，遂平暴乱，以有天下，主宰庶民，今已四年矣。君生上古，继天立极，作烝民主，神功圣德，垂泽至今。朕典百神之祀，考君陵墓于此，然相去年岁极远。观经典所载，虽切慕于心，奈禀性之愚，时有古今，民俗亦异。仰惟圣神，万世所法，特遣官奠祀修陵，圣灵不昧，其鉴纳焉！尚飨！

新郑黄帝拜祖祭典

1992年,新郑市开始举办寻根拜祖活动,后演变为公拜始祖轩辕黄帝大典;2006年,由河南省政协牵头,活动升格为国家部委、中直有关单位和河南省主办的黄帝故里拜祖大典;2008年,黄帝祭典(新郑黄帝拜祖祭典)被国务院列入第一批国家级非物质文化遗产扩展项目名录。

新郑黄帝拜祖祭典共有九大仪程,分别是:

第一项　盛世礼炮:全体肃立,鸣炮二十一响。

第二项　敬献花篮:嘉宾向黄帝像敬献花篮。

第三项　净手上香:嘉宾净手上香,向黄帝像鞠躬致敬。

第四项　行施拜礼:全体人员向黄帝像三鞠躬。

第五项　恭读拜文：大典主拜人面向黄帝像恭读《拜祖文》。

第六项　高唱颂歌：现场合唱人员与全体参拜人员共唱《黄帝颂》。

第七项　乐舞敬拜：舞蹈演员在祭乐声中表演古典祭舞。

第八项　祈福中华：中华儿女代表挂祈福牌，在《拜祖文》书法长卷上盖印，为中华民族祈福。

第九项　天地人和：代表中华儿女血脉延续、中华民族未来希望的多名儿童，在黄帝像前放飞和平鸽，表达中华儿女对盛世昌平的期盼、对世界和谐的希望。

这篇祭文是迄今所见最早的黄帝祭文。朱元璋把桥山黄帝陵列为国家祭祖的圣地,并要求每次祭陵活动都要刻石立碑。清朝也十分注重黄帝陵祭拜活动,同样留下了许多祭文碑。其中,有一块御祭黄帝陵祝文碑,十分特殊,它的碑文是用汉、满两种文字书写的,记载了清圣祖爱新觉罗·玄烨继位后,消灭各方反对势力,社会安定,派遣工部右侍郎苏拜于康熙二十一年(1682年)三月十六日祭祀轩辕黄帝。

今天,黄帝陵祭拜活动仍在绵延。每到农历三月初三这天,河南省新郑市都会举行各种拜祖活动,以纪念黄帝的功德。尊宗敬祖是中华文明绵绵永续的精神密码。新郑黄帝拜祖祭典已发展为具有历史震撼力和时空穿透力的文化盛典,既是中华儿女祭拜先祖、凝聚人心、祝祷祈福的重要平台,也是全球华人弘扬中华传统文化和增强民族自豪感的重要窗口。

民俗故事中的"三月三"

我国每个传统节日都有若干与节俗相伴相随的故事,"三月三"也是如此。这些故事承载着自古以来民众与节俗相关的生活经验、文化想象、民族情感、历史观念、伦理道德等群体记忆,在历史的长河中历久弥新,与我们今天的生活遥相呼应。

简狄吞卵生子

"三月三"有祓禊、曲水浮素卵的习俗。祓禊即在水中沐浴，曲水浮素卵即人们在野餐时将煮熟的鸡蛋、鸭蛋等投入河中，使其顺流而下，在下游等候的人从水中取而食之。直到现在，有些地区"三月三"还有吃蛋的习俗。"三月三"怎么会和蛋有关呢？有说法认为，这个习俗应该追溯到原始社会以鸟为图腾的部落，他们的始祖有吞鸟卵生子的原始信仰。《山海经·大荒南经》记载东方有"卵民国"，"其民皆卵生"，就是这种原始信仰的体现。人们由此衍生出简狄吞卵生子的传说故事，有学者认为曲水浮素卵与简狄行浴、吞玄鸟之卵有关。[1]

《史记·殷本纪》记载：

> 殷契，母曰简狄，有娀氏之女，为帝喾次妃。三人行浴，见玄鸟堕其卵，简狄取吞之，因孕生契。

简狄是有娀氏之女，也是帝喾的次妃。有一次，简狄等人到河川中洗浴，看见燕子掉下一个蛋，简狄捡起来吞食了，就这样她怀孕而生下了商部的始祖——契。

《列女传·母仪传》更为详细地描述了这则故事："契母简狄者，有娀氏之长女也。当尧之时，与其妹娣浴于玄丘之水。有玄鸟衔卵，

---

[1] 孙作云：《诗经与周代社会研究》，中华书局，1966。

过而坠之，五色甚好，简狄与其妹娣竞往取之。简狄得而含之，误而吞之，遂生契焉……'有娀方将，立子生商。'又曰：'天命玄鸟，降而生商。'此之谓也。"契的母亲是简狄，是有娀氏的长女。简狄和她的妹妹一起在河中沐浴。忽然，天上飞来一只燕子，衔在嘴里的五彩鸟蛋坠入河中，简狄与其妹争着从水中捞出此蛋。简狄抢到了就放进嘴里，一不小心吞了下去，不久即有孕而生下了契。从此，契的子孙繁衍，逐渐发展为东方强大的部族——商。"天命玄鸟，降而生商"的意思是天帝发令给神燕，生契建商。可见当时人们对鸟的崇拜之情，这种崇拜也一直延续到后代，并体现在"三月三"曲水浮素卵的习俗中。

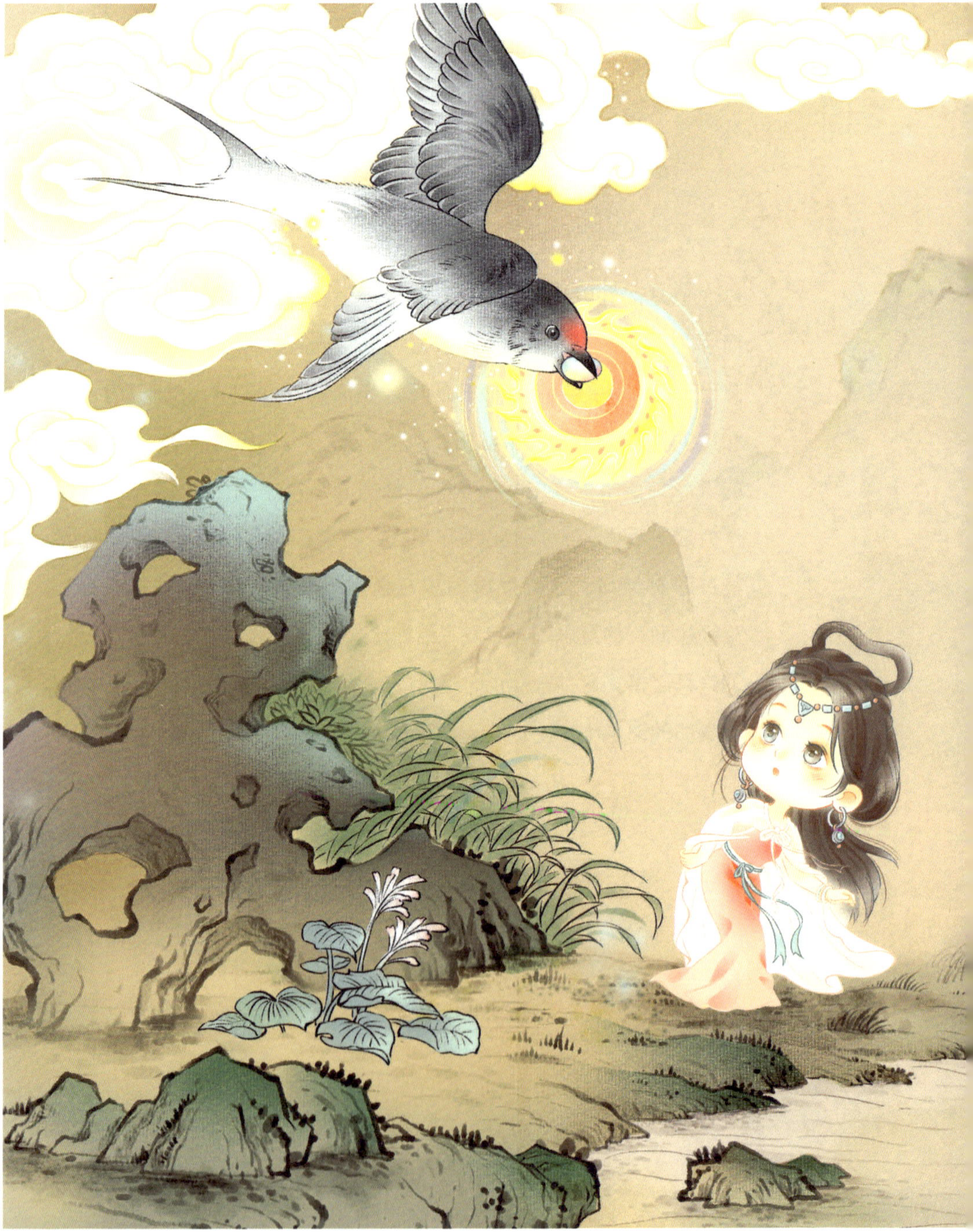

简狄吞卵

西王母的蟠桃会

西王母，又称金母、王母或西姥，是传说中的一位女性人物。《山海经·西次三经》载："其状如人，豹尾虎齿而善啸，蓬发戴胜，是司天之厉及五残。"将西王母描述为穴居善啸、半人半兽的形象，并且是掌管灾疠和刑杀的神祇。在汉代以后，西王母的形象演变成儒雅高贵的女神，如在《汉武帝故事》中，她是一位仙姿玉质、容貌绝世的女神，住在西方的瑶池仙境，并赐给汉武帝四个蟠桃。

在民间传说中，每年的三月初三，天界各路神仙都会云集于瑶池，为王母庆寿，称为"蟠桃会"。在大家熟知的《西游记》中，就有孙悟空偷食蟠桃的故事。书中描述，蟠桃园中有蟠桃树三千六百株，分为三种："前面一千二百株，花微果小，三千年一熟，人吃了成仙了道，体健身轻；中间一千二百株，层花甘实，六千年一熟，人吃了霞举飞升，长生不老；后面一千二百株，紫纹缃核，九千年一熟，人吃了与天地齐寿，日月同庚。"蟠桃会正是在三月初三宴请上八洞、中八洞、下八洞及五湖四海的诸路神仙，著名的"麻姑献寿"就发生在蟠桃会上。这日也成为民间一个重要节日。晚清《都门杂咏》里有一首七言诗是这样描写当年庙会之盛况的："三月初三春正长，蟠桃宫里看烧香。沿河一带风微起，十丈红尘匝地扬。"

麻姑献寿

农历三月初三是王母娘娘寿辰。这一天,天庭举行蟠桃会,各路神仙都来祝寿。百花、牡丹、芍药、海棠四位仙子特来邀请麻姑一同去祝寿。四位仙子为王母娘娘送上了仙花。麻姑只拿出一只小土坛。其他各路神仙都掩嘴而笑,觉得麻姑的礼物太寒酸。王母娘娘知道麻姑的礼物一定不一般,就说:"麻姑,你送的是什么好东西?快让我看看。"麻姑对王母娘娘说:"今日娘娘大寿,小仙特酿了一坛寿酒,请娘娘品尝。"打开坛盖后,一股清香飘满瑶池。神仙们都凑到了酒坛前,交口称赞。连天宫中专管酿酒的神仙也赞不绝口。原来,麻姑用仙山上的泉水,配上各种名贵的草药,浸泡了七七四十九天,才酝酿出这坛美酒。王母娘娘大喜,封麻姑为虚寂冲应真人。

特掘扫墓

扫墓是很多地区"三月三"的重要内容之一。《太平寰宇记》卷一百六十四引《南越志》记载了这样一则故事：

昔有温氏媪者，端溪人也，尝居涧中捕鱼，以资日给。忽于水侧遇一卵，大如斗，乃将归置器中。经十许日，有一物如守宫，长尺余，穿卵而出，因任其去留，稍长五尺，便能入水捕鱼，日得十余头，稍长二尺许，得鱼渐多，常游波中，萦回媪侧。后媪治鱼，误断其尾，遂逡巡而去，数年乃还。媪见其辉光炳耀，谓曰："龙子今复来也。"因蹁蹮旋游戏，亲驯如初。

秦始皇闻之曰："此龙子也，朕德之所致！"诏使者以元珪之礼聘媪。媪恋土不以为乐，至始安江，去端溪千余里，龙辄引船还，不逾夕至本所。如此数四，使者惧而止，卒不能召媪。媪殒，瘗于江阴。龙子常为大波至墓侧，萦浪转沙以成坟。土人谓之掘尾龙。今南人为舡，为龙摇尾，即此也。

在广西部分地区，人们在农历三月初三这一天扫墓祭祖。传说这和当地流传的关于"特掘"的故事有关。"特掘"故事版本众多，但核心情节大致是人救蛇并且收养蛇，人蛇相依为命，最后蛇报恩于人。

相传，从前有一位老妇，她没有子嗣，独自生活。一天，她在外面捡到一条小蛇，便带回家中养。老妇很喜欢小蛇，把小蛇当成亲儿子，自己吃什么就喂小蛇吃什么。小蛇也很喜欢老妇，无论老妇去哪里，小蛇都跟着。有一次，老妇不小心把小蛇的尾巴弄断了。小蛇的尾巴变短了，人们就把它叫作"特掘"。"特"在壮语里是男性的意思，"掘"在壮语里是短尾巴的意思。有一年农历三月初三，老妇离世了，特掘很难过。突然天气突变，雷雨交加，一阵巨大的龙卷风从天边刮来，老妇的棺材出现在了山上。以后每年的农历三月初三，特掘化为风雨雷电，回来祭拜老妇，人们也在这一天扫墓祭祖。

如今，在广西的上林县，"三月三"也称为"龙母节"，人们把传说中葬老妇的那座山叫作"岜仙"，那个山洞叫作"敢仙"。在"三月三"龙母节，上林的乡亲们都要三五成群到"敢仙"祭拜，许愿祈福。

祭祀地蚕祈丰年

在贵州的布依族聚居地区，"三月三"又叫"地蚕会"，这个称呼的由来与当地的农事生产有关。

农历三月初三，正逢农村春耕大忙季节，历来有"春雨贵如油"的说法，这是因为当地春旱现象较为严重，虫灾多在这个时候出现，火灾事故也时有发生。传说在上古时候，某年的三月初三这天，掌管农业生产的山王神下界来到人间，把各种害虫放了出来。当年庄稼受害，人畜患病，闹得村寨不得安宁。

正当村民们愁眉不展时，有一位寨老提议大家去山上敬神。于是，大家为了保住庄稼，守护平静的日子，便上山祭祀山王神。从此，生活在北盘江畔的人们在三月初三这天都要举行相应的祭祀活动。人们认为，祭了山王神，就能封住害虫的嘴巴，使田里的禾苗免遭虫害。

在三月初三这天，大家要带上糯米饭、苞谷花、腊肉、咸菜，三五成群地到山坡上祭祀山王神。祭神活动不分姓氏，不论亲疏远近，只要是同一村寨的都可去。

祭祀仪式主要由村寨中一位德高望重的寨老主持。寨老头系花格头帕，洗净双手，虔诚地跪在山神像面前。祭神时，要鸣放鞭炮，告诫全寨的人不准喧哗打闹。祭神活动结束后，参加祭祀的人在山上用餐。不参加祭祀的人，也要到山上去"躲虫"，以求躲避虫害、灾难、瘟疫。人们希望通过祭神，达到禳灾祈福、寨邻安宁、风调雨顺、五谷丰登的目的。

"三月三"与乌米饭

浙江、福建等地区的畲族群众有"三月三"吃乌米饭的习俗。

传说很久以前的某年三月,由于年前遭受虫害,庄稼收成不好,再加上山主增收租税,家家断粮。可恶的山主甚至连谷种都抢走,民众饱受饥饿之苦,被迫去找山主借谷种。可是,狼心狗肺的山主却幸灾乐祸,非但不肯借,反而放出恶狗,咬伤大家。乡亲们实在忍不下去了,一天夜里,身强力壮的蓝天凤带着几名后生翻墙进入山主家的大院,他们撬开粮仓,把谷种一袋一袋扛回寨子,连夜播种下去。第二天,山主发现粮仓被盗了,就带着十几个打手冲到寨子里抓人。为了使乡亲免遭灾难,蓝天凤挺身而出。就这样,他被抓走关进地牢,这天正是农历三月初三。

在地牢里,蓝天凤被打得遍体鳞伤,山主还让地牢的看守不给蓝天凤饭吃,想把他活活饿死。消息传出,乡亲们纷纷前去探监,他们把播种剩下的谷种打成米,煮成饭并捏成饭团送进牢里。可是,饭团都落到了看守的肚子里,蓝天凤一口也没有吃到。这天,要去地牢送饭的是寨子中最出色的歌手种秀姑娘。这个聪明的姑娘想了个对付看守的办法。时值晌午,她挎着竹篓,竹篓里装着麻布袋。看守一边不怀好意地瞄着种秀姑娘,一边打开麻布袋,把手伸进去。这时,看守突然大叫,接着就跳起来。可是竹篓口子小,跳了半天看守还是抽不出手来，疼得满地打滚。原来麻布袋里装的是又黑又大又毒的山蚂蚁。看守被山蚂蚁一咬，当天就因中毒一命呜呼了。

从此以后，人们就从山上采来乌饭叶煮饭，煮成的乌饭远远看上去就好像抱成一团的山蚂蚁，那些被山蚂蚁吓破胆的看守就再也不敢吃乡亲们送去给蓝天凤的饭团了。时间一天天过去，蓝天凤天天吃乌米饭，不仅伤口愈合了，还增添了不少力气。到了第三年的三月初三，他终于被起义军救了出来，并被推举为起义军的首领。

为了让子孙后代记住米饭的来之不易，"三月三"被定为谷米的生日。谷米从白花花变成乌亮亮，好像穿上一件花衣裳，所以民间又有煮乌米饭是为了给谷米穿花衣裳、过生日的说法。

三月三，踏沙滩

三月初三，浙江省宁波市象山县石浦镇一带的人们会到东门外的沙滩玩耍嬉戏，叫作"三月三，踏沙滩"。关于这一活动的由来有几种说法，其中最为人们熟知的便是辣螺姑娘的故事。

传说在南宋末年，石浦沙滩附近住着一个美丽善良的渔家姑娘，以拾辣螺为生。人们称她为辣螺姑娘。

一次，辣螺姑娘在沙滩拾螺时发现一名受伤的男子，便将其带回家中悉心照顾。这名男子是南宋大臣陆秀夫。在疗伤期间，两人互生爱慕之情。陆秀夫因有事在身,伤未痊愈便匆匆告别,临行前承诺功成后会回来迎娶辣螺姑娘为妻。不料,陆秀夫离开后,辣螺姑娘被当地渔霸看中,欲强迫其成亲。渔霸来娶亲当日,她以死相拼,投海身亡,这一日正是农历三月初三。

相传,以后每年的农历三月初三,殉情的辣螺姑娘都会爬上沙滩,等候心上人归来。后来,在这一天,附近村民就会赶到海边来纪念这位忠贞不渝的姑娘,而且渐渐演化出各种民间传统活动。

关于"三月三,踏沙滩",还有这样一个传说。

传说古时候,昌国东沙角的岩头洞里住着两只墨黑的竹箕大的乌龟精。乌龟精有妖法,三天两头兴风作浪发大水,使稻田被冲毁,房屋被冲倒,人被淹死,害得很多人没饭吃、没地方住,被迫讨饭过日子。

当时,昌国卫城里住着九条龙,听说东沙角的乌龟精残害百姓,决心要寻个机会将其除掉。一天,乌龟精又施妖法,海上随即起了风浪,海水像小山一样压过来,往村庄里灌去。村里老老少少哭爹喊娘,哀鸿遍野。

哭声惊动了九条龙,龙知道是乌龟精在作怪,便飞到沙滩头,对乌龟精说:"孽种,今日我们奉玉帝之命来治你们,送你们到阎王殿去!"

讲完，九条龙一起扑上去围住乌龟精，双方打了起来。

这一打就打了九九八十一日，双方都筋疲力尽。乌龟精瘫在沙滩上，呼哧呼哧直喘气，身体动弹不得。九条龙看准机会，呼的飞到乌龟精背上，把乌龟精按住。

潮水渐渐退去，乌龟精一点一点陷进沙滩。然而九条龙呢，它们也被困在沙滩上，动弹不得。乌龟精越陷越深，最后陷到沙滩底部，其背上的九条龙也变成了一条长长的沙堤。

后来，百姓为了纪念九条龙，便带上供品，结伴来到东沙角祭拜。这样一年一年传下来，便有了象山"三月三，踏沙滩"的习俗。

三月三，赶花街

在云南省文山壮族苗族自治州广南县的壮族群众中，三月初三这天有一种被称为"赶花街"的庆祝活动。关于赶花街，还有一个奇妙的故事：

在壮语中，女青年被称为"勒少"，男青年被称为"勒冒"。古时广南地区有个勒少，叫狄娃。她容貌秀美、歌声动听，人见人爱。每天，到狄娃家提亲的媒人都排成队。可她家里人谁也不答应，却偏偏想将她嫁给一个相貌丑陋且年纪很大的财主做小老婆。

狄娃知道之后，哭着请求父亲退掉这门婚事。但父亲不仅不依她，还将婚期定在了三月，并逼着她天天赶做嫁妆。狄娃急得哭干了眼泪，哭肿了双眼。

眼看婚期就要到了，一天夜间，狄娃心如刀绞，于是她翻身起床，穿上最爱的上衣、裙子，戴上最爱的银链子、银镯子，趁着夜深人静，悄悄走出家门，踏着月光，朝着太阳升起的方向走去。

狄娃怕父亲知道她的去向后会来追她，便加快脚步，翻过一座又一座的山，一直走到筋疲力尽，才靠在一棵大树上睡着了。这时，她做了一个梦，梦见自己来到了一个山清水秀的寨子里，和一个名叫那多的勒冒对歌。对歌对到情意正浓时，那个财主却突然跳到她面前，举起手中的刀要杀她。一旁的那多连忙挺身而出想要救她，却被财主杀害了。

狄娃惊醒过来，发现是一场噩梦，她便继续赶路，朝山下走去。这一天，山下的村寨正逢街圩日，街上挤满了人，非常热闹。狄娃看到街旁边有个水潭，顿觉口渴，便走过去捧水喝。恰在这时，水面映出一个勒冒的影子，他笑盈盈地站在她的身后。她觉得这人非常眼熟，看了许久才反应过来，这竟是梦中的那多。

狄娃便向那多诉说了自己的梦境，两人互诉衷肠，坠入爱河，从此幸福和睦地生活在了一起。

那一天是三月初三，后来，当地青年男女为了也能像狄娃和那多那样收获美满的爱情，便纷纷在"三月三"这天去街上对歌求偶，赶花街的习俗便渐渐形成了。

三月三，接姑姑

在山西省临汾市洪洞县沿袭着"三月三，接姑姑"的走亲习俗。

在洪洞县流传着这样一首诗："尧舜故乡何处寻，晋南平原汾水滨。历经四千七百载，往事传闻犹如新。羊獬历山万安村，圣裔眷念结神亲。虔诚奉祀永不断，不愧炎黄贤子孙。"

传说尧帝年老之际，四处寻找德才兼备的接班人，后在历山发现了以耕田为生的舜。舜聪明机警、勤劳勇敢且非常孝顺，尧帝便将自己的两个女儿——娥皇和女英嫁给了舜，并借此机会对舜进行试探、考察。《史记·五帝本纪》中就记载了这件事："于是尧妻之二女，观其德于二女。"最终，舜的才能得到了尧帝的认可，尧帝欣然将帝位禅让给了舜。

由于当时尧帝住在羊獬，而舜住在历山，羊獬便是娥皇和女英

〔清〕戴衢亨
《岁朝衍万图》（局部）

的娘家，历山则成了她们的婆家。因此，羊獬人称尧帝为爷爷，称娥皇、女英为姑姑（历山人则称她们为娘娘）。每年"三月三"，羊獬人都要声势浩大地去历山将两位姑姑接回娘家祭祖。

"三月三，接姑姑"仪式是从羊獬出发，到达历山接到姑姑后，再由另一条路线回到羊獬，沿途经过北马驹、赤荆、赵村、韩家庄、杨家庄、万安、杜戍、白石、龙马、西乔庄、洪堡等多个村庄。走亲的队伍每到一个村庄，村里的百姓都会热烈欢迎，热情款待。羊獬与历山相距四十多公里，千百年来，正是这一走亲活动将两个地方联系在一起，也让两个地方的人建立起了特殊的亲情。

"三月三，接姑姑"走亲习俗究竟形成于何时，今天虽已无法考证，但在明万历九年（1581年）的《帝舜二圣母神祠记》中记载，它"相传以来，亦不知千年矣"。

看来，这场走亲活动一走就走过了千余年，走出了割舍不掉的手足亲情，走出了千年积淀的孝义文化。

纪念韦达桂

在广西，关于"三月三"还流传着一则与韦达桂有关的故事。

很久以前，韦达桂在广西一个土官手下当官。他年纪不大，但学识渊博，才能过人，而且十分关心人民的疾苦，土官给他的俸禄，他都拿回乡分给乡亲，自己则两袖清风。

有一年，广西大旱，韦达桂应乡亲们的请求，打算向土官上报，请求免交粮食。不久，韦达桂伴土官来到乡间，只见田土龟裂、禾穗枯焦，一群群面黄肌瘦的百姓跪在山道上诉苦。韦达桂跪下说："千岁亲见，万望免粮。"土官无奈，只得同意免去粮食。事后，土官憎恨韦达桂，于是千方百计要陷害他。

快到清明节了，土官把韦达桂唤到跟前道："达桂，你向来很聪明，现在我有一件事要你做，清明节我要用一个像宫殿后面那座大山一样重的猪头来祭祖。你在一个月内弄来，到时重重有赏；过期误了大事，要从严惩罚！"韦达桂不得不应允。限期过了，韦达桂依然没有一点儿动静，土官派兵来抓他。韦达桂便扛着一杆大秤和兵差一道去见土官："千岁，壮家比山头还要重的猪头多得很，就是不知道宫殿后面的大山有多重，请千岁用这杆秤去称一称，我好回去把猪头抬来。"土官哑口无言。

后来，土官又想出了一条毒计。一天，他把韦达桂叫到跟前："达桂，你向来聪明能干，再过一个月我的夫人就要坐月子了，听说壮家的公鸡蛋很有营养，你给我在二十天内弄四百九十个公鸡蛋来。"韦达桂不得不应允。限期到了之后，土官派兵去抓韦达桂。韦达桂连忙施礼道："非常对不起，我父亲正在坐月子。按照壮家的规矩，我得照料他七七四十九天以后才能出门，到时我会给千岁送去公鸡蛋的。"兵差怒斥道："天下男人怎么会生孩子？""男人不会生孩子，公鸡怎么会生蛋？"兵差无言以对，只好回去报告土官。土官大怒，下令捉拿韦达桂。

乡亲们闻讯立刻送韦达桂到山上的枫树林藏了起来。兵差上山搜索，只见山林里有吃剩的糯米饭，就是不见人。土官下令放火烧山，这天正好是三月初三。兵差走后，乡亲们上山，在一棵古枫树的树洞里找到了韦达桂的尸体。大家含着眼泪把他埋葬了。男女老少在坟前放声痛哭，泪水洒在坟上，坟上顿时长出了一棵棵嫩绿的小枫树、一丛丛翠蓝的红蓝草。

为了纪念韦达桂，乡亲们还在其墓旁建造了庙堂，称为"达桂堂"。因为韦达桂生前喜欢喝酒、吃糯米饭，后来因为拿不出公鸡蛋而被害，所以，到了三月初三这一天，不少人拿着米酒、糯米饭和熟鸡蛋到韦达桂墓前祭奠。正当人们陷入哀思时，天空突然雷声大作，从庙堂里冲出一条五色大蛇。这条大蛇向乡亲们点了点头，就直奔宫殿把土官给咬死了。从那时起，每逢农历三月初三，附近村村寨寨都搭起布棚，在布棚下摆上五色糯米饭等祭品祭祀韦达桂，在布棚周围唱起赞美和感谢韦达桂的壮欢（壮族山歌）。一代传一代，活动延续下来。

刘三姐与"三月三"歌圩

在广西,"三月三"有赶歌圩的习俗。

说到歌圩,与一个非常有名的人物有关,她就是歌仙刘三姐。刘三姐是壮族传说中带有传奇色彩的人物,千百年来她的故事一直流传于岭南地区。

相传唐代时在罗城与宜州交界处有个美丽的小山村,村中有一个名叫刘三姐的姑娘,她自幼父母双亡,靠哥哥刘二抚养。兄妹二人以打柴、捕鱼为生,相依为命。刘三姐不但勤劳聪明,纺纱织布的技艺备受众人夸赞,而且长得宛如出水芙蓉,美艳绝伦。刘三姐尤其擅长唱山歌,远近歌手经常聚集其村,争相与她对歌、学歌。

刘三姐常用山歌唱出穷人的心声和不平,触犯了土豪劣绅,当地财主莫怀仁决定给她点颜色瞧瞧。他看着金丝笼里的鹦哥,一个诡计涌上心头。他对管家莫福说:"快去把王媒婆请来,为我和刘三姐做媒,我要让她成为笼中鸟,天天只为我唱歌。"王媒婆带着莫家聘礼来到刘二家,为莫怀仁做媒。她说莫家有良田万顷,家财万贯,吃的是山珍海味,穿的是绫罗绸缎,若刘三姐嫁过去,有享不完的荣华富贵。可刘三姐和哥哥刘二坚持拒绝这门婚事,并把媒婆赶出家门。莫怀仁来到刘三姐家,假惺惺地问刘二身体怎么样,地里的收成怎么样,今后有什么事就请直说,然后威逼刘二把妹妹嫁给他,

否则就要收回刘二种的地，并让他还清上一年为治病向自己借的钱，本利共计十五两三钱七。若还不上银子，他就要送刘二去见官治罪。

刘三姐气愤地问："我哥哥犯了什么罪？"莫怀仁道："你哥哥没犯什么罪，你犯了罪，你唱歌骂老爷。只要你答应亲事，一切都可一笔勾销。"刘三姐说："说的是什么媒？提的是什么亲？明明起的是歪心。葫芦里头装的什么药，我一眼就看清。霸山说是葬祖坟，恨我你又来提亲？外贴门神内有鬼，分明怕我唱歌人。"莫怀仁说："什么？老爷我怕你唱歌？真是笑话！"刘三姐说："那好，三姐生来脾气怪，只爱山歌不爱财。你若不怕我唱歌，结亲先要摆歌台。谁能唱歌唱赢我，不用花轿走路来。"莫怀仁说："此话当真？我若有人唱赢你,你就嫁给我?""若唱不过我呢?从此不能提婚事,并且再也不准霸占西山茶林!""好,我答应,决不反悔!"

第二天,莫怀仁从外地请来姓陶、李、罗的三个秀才。三人不相信一个小姑娘能有多大本事。他们随身带着书箱,箱里装有歌书,准备与刘三姐对歌。村里的乡亲们都来给刘三姐助威,和刘三姐情投意合的小伙子阿牛架起鼓来为刘三姐壮声势。有个小伙子担心地说:"今天与三姐对歌的是莫家特地从外地请来的秀才哪!"阿牛说:"不用怕,莫说是从外地请来的,就是从京城请来的状元也不怕他。"那三个秀才趾高气扬地上了岸,和刘三姐对起歌来。刘三姐见他们来头不小,便随口唱道:"江边洗衣刘三妹,你要对歌快唱开。自古山歌心中出,哪有船装水载来?"这一唱,秀才们像是遭了当头棒喝,无言以对。当刘三姐问明他们三人的姓是陶、李、罗之后,接着又唱道:"姓陶不见桃花发,姓李不见李花开,姓罗不见锣鼓响,三位先生哪里来?"三个秀才被刘三姐这一反问,自知不能继续装聋作哑,忙翻出歌书,勉强凑几句对答。然而,不到几个回合,就被刘三姐犀利的山歌压倒了。刘三姐见他们如此狼狈不堪,便用歌声讽刺:"风打桃树桃花谢,雨打李树李花落,棒打烂锣锣更破,花谢锣破怎唱歌?"聪明机智的刘三姐把三个秀才骂了个狗血淋头,三个秀才只知照本宣科,却不知歌从生活、从心中来,哪里是刘三姐的对手。他们在莫怀仁的催逼下,只好硬着头皮对歌。可没唱两支歌,就被刘三姐对得哑口无言,只好狼狈收场。莫怀仁恼羞成怒,不惜耗费家财去勾结官府，咬牙切齿想把刘三姐置于死地。

三月初三那天，刘三姐和众乡亲正准备去赶歌圩，一位老渔翁匆匆赶来，告诉大家莫怀仁带着一队官兵已经来到茶山坳，一路上的渡口要道都被他派兵把守，要对刘三姐下毒手。人们纷纷劝刘三姐快躲一躲，可刘三姐坚持要去赶歌圩。刘三姐和阿牛等人商量对策，决定等莫怀仁一到歌圩，就给他四面摆下山歌阵。

莫怀仁带着家丁和官兵来到歌圩，心想只要刘三姐一出现就把她抓起来。可是，人们只是一个劲地唱得欢，完全没人理他。莫怀仁见大家没把他放在眼里，就仗着有官府撑腰，强行禁歌，宣布今后不许再唱山歌。这时，从人群中传出刘三姐的歌声："山顶有花山脚香，桥下有水桥面凉。心中有了不平事，山歌如火出胸膛。"

莫怀仁气急败坏，命令赶快抓人。可乡亲们哪容莫怀仁随便抓人。人们掩护着刘三姐，手执锄头、棍棒纷纷赶来和官兵进行搏斗。善良的刘三姐不忍心让乡亲流血和受牵连，毅然从山上跳入了河中。正当她纵身一跳的时候，突然狂风大作，天昏地暗。随着一道红光，一条金色的大鲤鱼从河中跃出，驮着刘三姐飞上云霄。刘三姐就这样骑着鱼上天，到天宫成了歌仙。而她的山歌，人们仍世代传唱着。

为了纪念刘三姐，每到三月初三刘三姐成为歌仙的那一天，十里八乡的歌手纷纷云集，举行一年一度的山歌盛会。这样代代相传，"三月三"便成了广西人民的传统歌节。

三姐成仙

如今在广西，还流传着这么一首歌：

> 三姐骑鱼上青天，
> 留下山歌万万千。
> 如今广西成歌海，
> 都是三姐亲口传。

关于"三月三"的传说虽然有很多，但它们大抵反映了人们朴素的情感。"三月三"在漫长的历史中，积淀着中华民族生生不息、长盛不衰的文化基因，逐渐成为刻在中华儿女骨子里的文化记忆。

传承千年的春日序曲

中华传统文化里的

「三月三」

三月春生，万物生长，世界顷刻间都喧闹了起来。这是大地的恩赐。

当古老的中华民族先人开始关注春天，意识到人与自然的和谐关系后，"三月三"这一传统节日便产生了。

从周至秦汉的小荷初露、魏晋的传承演变、隋唐的繁荣鼎盛、宋元的融合流传，到明清的南国新生，"三月三"的历史发展脉络，既是中华民族生存智慧、思想观念、审美情趣的集中体现，也是中华文化生生不息、博大精深、兼容并蓄的重要表现。

因感恩而追思，因期盼而许愿，因欢喜而传情，因想念而团聚……"三月三"的内涵在不断丰富，也为我们平凡的岁月增添了韵味和乐趣。

周至秦汉：
祓禊祈吉踏春行

在上巳节举行的祓禊、求爱、求子等一系列活动，是我国历史上源远流长的一种岁时民俗。

随着社会的发展变化，民俗活动会体现不同的时代特色并不断传承发展，上巳节也不例外。纵观漫漫的历史长河，上巳节逐渐发展成现在的"三月三"，相关民俗活动也延续至今。

上巳节本来是为了驱邪避灾、除恶祛秽,但在历史的发展中逐渐转化为全民嬉戏的娱乐活动。上巳节习俗的来源,可以追溯至先秦时期。这些习俗就像土壤中的幼苗,孕育生长,并不断传承下来。到了汉魏六朝,"三月三"终于首次作为独立的节日亮相于历史舞台上。

三月的春日,气温回升,桃花始开,万物复苏,是一个孕育和生长的季节。在先秦时期,仲春之月,人们举办高禖祭祀活动以祈孕求子;春和景明,人们纷纷走出家门,聚集于水边,举行清除不祥的祓除仪式;男男女女聚集在河边,春日相欢,妇女祈子。一幅幅以水为主线的祓禊、欢聚的画卷徐徐展开,为我们展现了当时上巳节的景况。

高禖祭祀：上巳的雏形

高禖祭祀中涉及的祓禊与求子的内容，是上巳节习俗中的早期形式之一。高禖因神坛多筑于水边的高地而得名，又因祀于郊外称郊禖，是古代上巳节的主要祭祀对象。

古时，人们相信万物皆有灵，高禖是人们心中掌管生育的神灵，也就是诞生人类的女性始祖。在很久以前，有夏人、商人、周人三大部族，各族有各族的高禖女神。他们将自己的女性始祖奉为禖神，认为禖神管理这一族的婚姻及生育之事，夏人以女娲为禖神，商人以简狄为禖神，周人以姜嫄为禖神。

在《史记·殷本纪》中就记录了商人的禖神简狄浴水吞卵生契的故事。故事中的"行浴"就与后世祓禊之事息息相关，都与河流及沐浴有关。可以说，"行浴"与祓禊二者是基于同一风俗习惯。高禖和上巳之间存在着明显的传承关系，《太平御览》卷十五引晋成公绥《洛禊赋》曰："考吉日，简良辰，祓除解禊，同会洛滨。妖童媛女，嬉游河曲，或盥纤手，或濯素足。"描绘了男女在水边祓禊的欢娱画面，他们有的在洗涤纤细的手，有的光脚踩在河里，让河水冲刷他们的脚丫。这样的流水嬉戏就是高禖文化的遗迹，而盥手、濯足成了象征性的浴水仪式。

在《礼记·月令》中记载："仲春之月……是月也，玄鸟至。至之日，以太牢祠于高禖，天子亲往，后妃率九嫔御，乃礼天子所御。

带以弓韣，授以弓矢于高禖之前。"说的是在燕子飞回的那天，天子要亲自前去祭祀高禖，后妃率领所有女眷陪从，让这些被天子御幸而有孕的女子在神前行礼，给她们戴上弓套，授予她们弓箭。东汉郑玄对此注曰："玄鸟，燕也。燕以施生时来，巢人堂宇而孚乳，嫁娶之象也，媒氏之官以为候。高辛氏之出，玄鸟遗卵，娀简吞之而生契，后王以为媒官嘉祥，而立其祠焉。变媒言禖，神之也。"郑玄以简狄吞卵的神话解释了商的高禖祭祀，是因为那时候是燕子到来的仲春时节，更是因为简狄吞卵而生下了契，这种神奇的力量使她成为事关嫁娶求子的高禖神。所以《诗经·商颂·玄鸟》也写道："天命玄鸟，降而生商。"当然，这只是一则神话，简狄生子并不是因为吞食了玄鸟的卵，所以，我们说简狄吞卵生契的传说只是高禖孕子的虚拟化。《周礼·地官司徒》中写道："媒氏掌万民之判……仲春之月，令会男女，于是时也，奔者不禁。若无故而不用令者，罚之。"此处"媒氏"之"媒"，《说文解字》对其解释为"谋也，谋合二姓"。我国传统婚姻中"父母之命，媒妁之言"中的"媒妁"，指的是媒人，就是专门撮合男女之间婚姻的人。

在姜嫄的传说中也包含这样的故事。《诗经》中有一首最长的诗，是"鲁颂"中的《閟宫》，全诗共九章一百二十句。这里的"閟"同"祕"音，是指"神"的意思，而"閟宫"即"神庙"。传说閟宫是姜嫄的庙，引用孟仲子曰"是禖宫也"，禖宫即高禖之宫。閟宫既是高禖之宫，又是姜嫄的庙，因此周人的高禖指的就是姜嫄，閟宫也就是鲁国高禖祭祀中的场所了。此外，该诗中描写道："万舞洋洋，孝孙有庆。"高禖祭祀中有一项引人注目的舞蹈，被称为"万舞"。"万舞"是一种突出男性之力的舞蹈，具有娱神唤春功能。姜嫄作为周人的高禖神，她孕育后稷的记载中也有水边沐浴和求子的场景。在《诗经·大雅·生民》有"厥初生民，时维姜嫄。生民如何？克禋克祀，以弗无子"之句。说的是后稷得以出生，正是因为有姜嫄。他的出生是怎样的呢？举行禋祭等祭祀，以求避免无子嗣。汉代毛亨作传说："弗，去也。去无子求有子，古者必立郊禖焉。"郑玄写道："弗之言祓也。姜嫄之生后稷如何乎？乃禋祀上帝于郊禖，以祓除其无子之疾，而得其福也。"将姜嫄的祓除与简狄的浴水结合起来看，可以发现二者都是在水中洗涤，以除去没有子嗣的污秽或疾病。在古人的观念里，没有子嗣似乎是一种疾病，它就像一种污秽，可以通过在水中沐浴来洗去。因此，古代高禖祭祀仪式还是一种男女聚会祈求子嗣的仪式。

春秋时期，宋、燕、齐、楚等国都有春分之日在固定的地点举行高禖祭祀的习俗，之后变为一般性的士民游乐。所以我们说上巳中关于祓禊以及男女欢聚的习俗，都可以在上巳民俗的早期形式即高禖祭祀中看到。

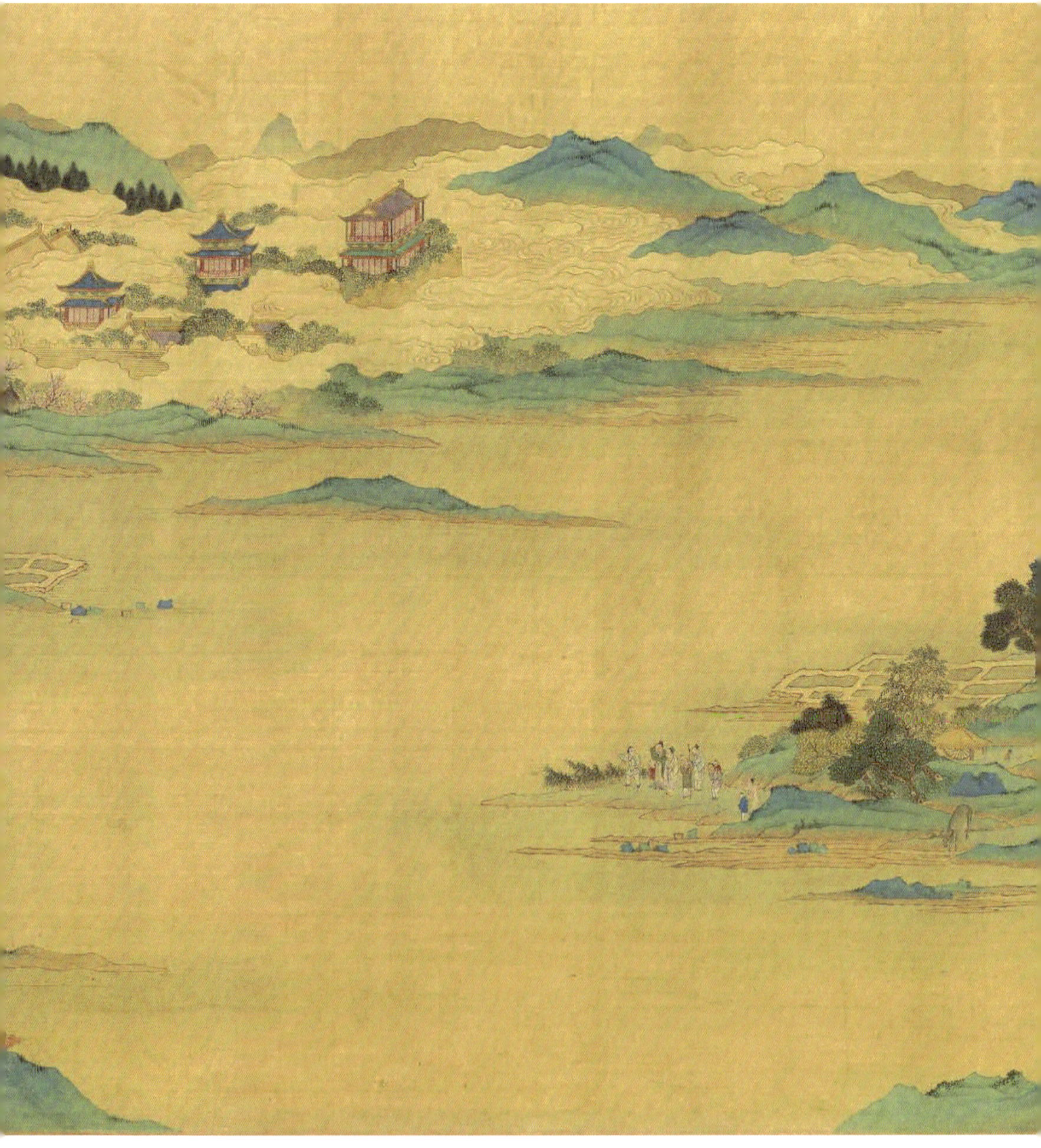

〔明〕仇英

《上林图》(局部)

水滨祓禊：除灾祛邪求洁净

上巳中祓禊的习俗由来已久，在高禖祭祀中就已有了祓禊的影子。而祓禊这一习俗曾与女巫职事相关联。《周礼·春官宗伯》中写道"女巫掌岁时祓除衅浴"，就是说女巫职掌祛除邪晦，在岁时洗濯去垢，消除不祥。郑玄《周礼注疏》云："岁时祓除，如今三月上巳，如水上之类。衅浴，谓以香薰草药沐浴。"这也是上巳中关于祓禊最早的记录，描述了当时的衅浴，即用香薰草药沐浴，以祛除灾病及不祥。在周代，女巫所负责的祓除衅浴，可能包括多方面、多形式的祓除，但显然是与水相关，有沐浴之类的场景。

《论语》中也有关于古人春季沐浴活动的记载。在《论语》"先进"篇中，孔子和子路、曾皙、冉有、公西华共坐，孔子问四人各自的志向。子路、冉有、公西华三个人依次回答之后，孔子都不以为意。曾皙是最后一个回答的，他说道：

暮春者，春服既成，冠者五六人，童子六七人，浴乎沂，风乎舞雩，咏而归。

曾皙说他最向往的就是暮春三月，换上新做的春装，和一群年轻人结伴去沂水之滨洗浴，在舞雩台上吹吹风，然后唱着歌回家。孔子喟然叹道："跟我的想法一样啊！"曾皙所说的就是上巳日的祓禊。南朝梁刘昭注:"自上及下,古有此礼。今三月上巳,祓禊于水滨,盖出于此。"这说明春季在河边祓禊的活动在春秋时期就已经有了,且已经成为一种常见的习俗,否则曾皙不可能如此说以表达其志趣所向。其中还提到"雩"这一活动。任继愈主编《宗教大辞典》中指出:"雩,儒教的祈雨之礼。"雩是商周时期由女巫主持的一种求雨的祭祀活动,雩坛建在沂水之滨,高三丈。可见,与"雩"活动相结合的祓禊,带有祭祀的成分。

祓禊即祓除,祓即弗或拂,就是"除去"的意思;禊有洁净之意。《太平御览》卷三十引《风俗通》曰:"禊者,洁也,故于水上盥,洁之也。巳者,祉也,邪疾已去,祈介祉也。""巳"就是"祉"的意思,是祓除不祥的日子,即与沐浴除疾有关。在水中沐浴是上巳节的一项重要习俗。古人认为水能去除一切疾病和灾难,为了祓除秽恶,涂香于身而后入浴以示洁。水滨祓禊,就是到流水中洗濯,去除宿垢,同时洗去身上的灾晦之气,求得洁净,有祈福之意。

祓禊之所以要选在三月上旬的巳日,是因为三月是春暖花开的时节,风和日丽便于人们沐浴洗涤。《太平御览》卷五十九引《韩诗外传》曰:"溱与洧,三月桃花水下之时,众士女执兰祓除。郑国之俗,三月上巳之日,此两水上招魂,祓除不祥也。"先秦时,郑国有上巳节招魂续魄的习俗，人们认为手持兰草能祛除不祥。这也是最早使用并解释"上巳"一词的记载。从《楚辞·九歌·礼魂》的"春兰兮秋菊，长无绝兮终古"和《楚辞·招魂》的"魂兮归来，反故居些"中，也可以看到楚人每年春秋不忘祭祀，以招魂续魄的习俗。

上巳节前后正值冬去春来、季节转换，人容易生病，所以应该外出郊游晒太阳，再去水边把自己洗干净，最后用兰草扫除身上的晦气，辞旧迎新。

《后汉书·礼仪志》说："是月上巳，官民皆洁于东流水上，曰洗濯祓除，去宿垢疢，为大洁。洁者，言阳气布畅，万物讫出，始洁之

矣。"描述的正是人们在上巳节通过沐浴以求清除污垢灾祸、吸收新鲜洁净之气的节俗活动。这则记载还显示，参与仪式的人由女巫变成了官民。相对《周礼》的记载而言，它的宗教色彩显然已经淡化，带上了较为浓厚的民俗色彩。

到了汉代，上巳被确定为节日，祓禊这一风俗便流传开来。上巳节由官方主持，拥有一整套礼仪流程，是重要的节日之一。

〔清〕查士标
《四季山水图册》（其一）

男女相会：赠之以芍药

上巳节的求子、祓禊等活动，地点都在水边，可见水滨在上巳节习俗中的重要性。

《诗经》中有多篇恋歌表现了春季祓禊以及男女相会的场景，其中《郑风·溱洧》描绘的就是一幅富有情趣的男女游春图：

> 溱与洧，方涣涣兮。士与女，方秉蕑兮。女曰观乎？士曰既且，且往观乎？洧之外，洵訏且乐。维士与女，伊其相谑，赠之以芍药。
>
> 溱与洧，浏其清矣。士与女，殷其盈矣。女曰观乎？士曰既且，且往观乎？洧之外，洵訏且乐。维士与女，伊其将谑，赠之以芍药。

这首诗描写的是三月时节，郑国青年男女在溱水和洧水岸边游春的景况。这首诗一共有两章。第一章写一对青年男女无拘无束地谈情说爱，分手时"赠之以芍药"，永结盟好，流露出彼此爱慕的真情。第二章进一步深化，比如前一章说"士与女，方秉蕑兮"，后一章则说"士与女，殷其盈矣"。可见，春游的人越来越多，聚会景况越来越盛。青年男女在郊外踏青，参加盛大集会，一对青年男女在一个僻静的角落里窃窃私语，商量同游之事，之后他们高高兴兴奔

春日郊游

向洧水河边。篇末以男女分手时互赠芍药以定情来结束，可谓言已尽而情未了。欢乐的盛会虽然结束了，可是留给青年男女的美好回忆和幸福憧憬却驻在心头。

蕑即兰草，兰草是一种香草，也是祓除药物，可用于沐浴，人们用它来装扮自己或赠给异性朋友。芍药不仅是人们临别时的赠物，也是一种药草。《溱洧》毛亨传曰："芍药，香草。"郑玄笺注："其别，则送女以芍药，结恩情也。"《古今注》卷下《问答释义》中描写，牛亨问曰："将相离，赠之以芍药者，何也？"答曰："芍药一名可离，故将别以赠之。"可见，芍药可用在离别之际赠予他人。《初学记》卷四引《韩诗章句》曰："郑俗，上巳，溱洧两水之上，秉兰祓除。"说明溱水、洧水边的祓除与上巳节有关。《初学记》卷十五引许慎《五经异义》曰："郑国有溱洧之水，男女聚会，讴歌相感。"按当时郑国的风俗，人们在流水中洗去宿垢，祓除不祥，祈求幸福和安宁。此外，男女青年聚集在溱、洧两水之滨，秉执兰草，相互戏谑，互赠芍药，互表爱慕之情。这都是简狄浴水生契的高禖祭祀习俗的延续。

古代，男女相会对于人口的繁衍、国家的兴旺都至关重要。在春暖花开时节，青年男女在野外欢聚，可谓顺应天时。人们经过一个冬天严寒的困扰，从蛰伏般的生活状态中苏醒过来，到野外，到水滨，去迎接春天。从溱、洧之滨踏青归来的人群，有的身佩兰草，有的手捧芍药，撒一路芬芳，播一春诗意，一路欢歌笑语。对于普通百姓来说，这个春天的日子使他们感到喜悦与满足，因为他们手中有"兰"，有"芍药"，有对美好生活的憧憬与信心。

在漫漫历史长河中，上巳节的形成在时间和相关历史背景上与类似习俗之间有一个分合挪移、综合积淀的过程。先秦时期以高禖祭祀为主，秦汉以祓禊相聚为主，这为之后上巳节发展成大家熟知的"三月三"打下了基础。

魏晋：水滨宴饮修禊事

上巳节在发展流变的过程中受经济、政治、生产等活动的影响，在魏晋时期逐渐兴盛起来，成为当时较为盛大的节日之一，且活动形式发生了变化。魏晋以前，无论是上巳节祭祀高禖还是祓禊沐浴，都是以祭祀、巫术为主题；而魏晋之后，不管是"三月三"的水滨宴饮、曲水流觞还是游玩踏青等，都是以娱乐性、礼仪性为主题，重在娱乐游玩。节日的传承虽然发生了变化，但其本质是一脉相承的，反映了古人在节日中求子、祈吉的美好愿望。

节期固定：上巳节到三月初三

古人以干支纪时，上巳节的时间原是在三月的第一个巳日。但是每年三月的第一个巳日时间不固定，有些年份的三月上旬甚至没有巳日，这给节日活动的开展带来了诸多不便。于是，魏晋时期的人们，将节日时间固定在与上巳日通常较为接近的农历三月初三。宋王楙《野客丛书》卷十六"上巳祓除"条记载：

自汉以前，上巳不必三月三日，必取巳日。自魏以后，但用三月三日，不必巳也。

此后，许多诗文以"三月三日"或"三日"为题，描述在三月初三上巳节中的景况或抒发情感，如谢灵运《三月三日侍宴西池诗》、颜延之《诏宴西池诗》、萧子范《家园三月三日赋》等。

节日日期确定后，节日内容也发生了变化，前代上巳节中祭祀高禖、祓禊、男女相会的习俗逐渐减少，代之以繁荣兴盛的曲水活动、踏青游宴活动，祓除灾气的风俗逐渐被弱化了，取而代之的是人们游目骋怀。

为什么会有这样的转变呢？这要从当时的社会环境变化来看。魏晋南北朝时期，社会动荡，长期战乱，朝不保夕的士大夫们在乱世中韬光养晦，纵情山水，推崇玄学，企图通过精神上的欢愉来弥补现实生活中的苦楚。他们写文作诗、绘画书法、弹琴长啸，注重领略自然之美，抒发一己之情，以此获得心灵的慰藉。此外，三月暮春时节，正值花草生长之际，是游目骋怀的好季节，人们多在此时选择郊游踏青，感受生生不息的自然气息。因此，上巳节就被人们很好地挖掘利用了起来，原先祓除不祥的目的逐渐被淡忘，涌现出更多的娱乐活动，富有代表性的有曲水流觞、曲水浮枣、曲水浮卵。

水滨聚会：曲水流觞，兰亭雅集

上巳节经历了一个由俗趋雅、雅俗共赏的过程。关于曲水流觞的记载是从晋朝开始的。宋吴自牧《梦粱录》记载："三月三日上巳之辰，曲水流觞故事，起于晋时。"在晋朝三月初三的水滨活动中，曲水流觞是与祭祀性的祓禊活动并存的。晋潘尼《三月三日洛水作诗》曰："临岸濯素手，涉水搴轻衣。"上巳节祓禊活动在魏晋时期已经不再是全身沐浴于水中，人们选择洗手、濯足、衣服沾沾水这样的简易方式作为祓禊活动的延续，这也表明魏晋时期祓禊活动逐渐弱化。

聚会水边，进行各种游戏是人人都喜欢的事情。到了南北朝时期，曲水活动渐趋兴盛。南朝梁宗懔《荆楚岁时记》载："三月三日，四民并出江渚池沼间。临清流，为流杯曲水之饮。"六朝时期，曲水流觞成为全民共享的民俗活动，因此，上巳节成为当时所有节日中最具游乐意味的节日。南朝梁刘孝绰《三日侍华光殿曲水宴诗》中的"羽觞环阶转，清澜傍席疏"就是对曲水流觞的真实写照。曲水流觞，又名"曲水流杯""九曲流觞"。觞即杯，是古代盛酒的器皿，即投杯于水的上游，任其顺流而下，停在谁的面前，谁就取杯饮酒。觞一般由角质或木质等轻型材料制成，体积小、重量轻，因此可以浮于水面。另有一种陶制的杯，在两侧多出两个小巧的耳，好似一对可爱的翅膀，因此又得名"羽觞""耳杯"。羽觞比木杯重，玩时就将其放在荷叶或者木制托盘上。

曲水流觞这种游戏自古有之，相传源于周王"月光禊洛"。传说中，周王在洛水之畔饮酒，有一壶酒不慎落入洛河，借着月光，酒壶顺流而下，被下游的人捡拾并一饮而尽，让宾客心情大好。《续齐谐记》记载了晋武帝向挚虞、束皙询问上巳节曲水之义的起源问题。一次，晋武帝向尚书郎挚虞问起三月三的来历，挚虞回答："在东汉章帝时有个叫徐肇的人，他在三月初生了三个女儿，至三日全都死去。村里人觉得奇怪，纷纷来到河边盥洗，以除灾气。在盥洗时，人们还把酒杯漂浮在水上，借着流水传递酒杯。曲水流觞之意即起于此。"晋武帝听了很不高兴，说："照此说来，三月三曲水流觞便不是什么好事。"另一个叫束皙的官员见此情景马上奏道："挚虞年轻，知识不够，请让我述说三月曲水的来源。周公在营建洛邑时，曾借流水来泛酒，所以古诗有'羽觞随波'之句。后来秦昭王曾在

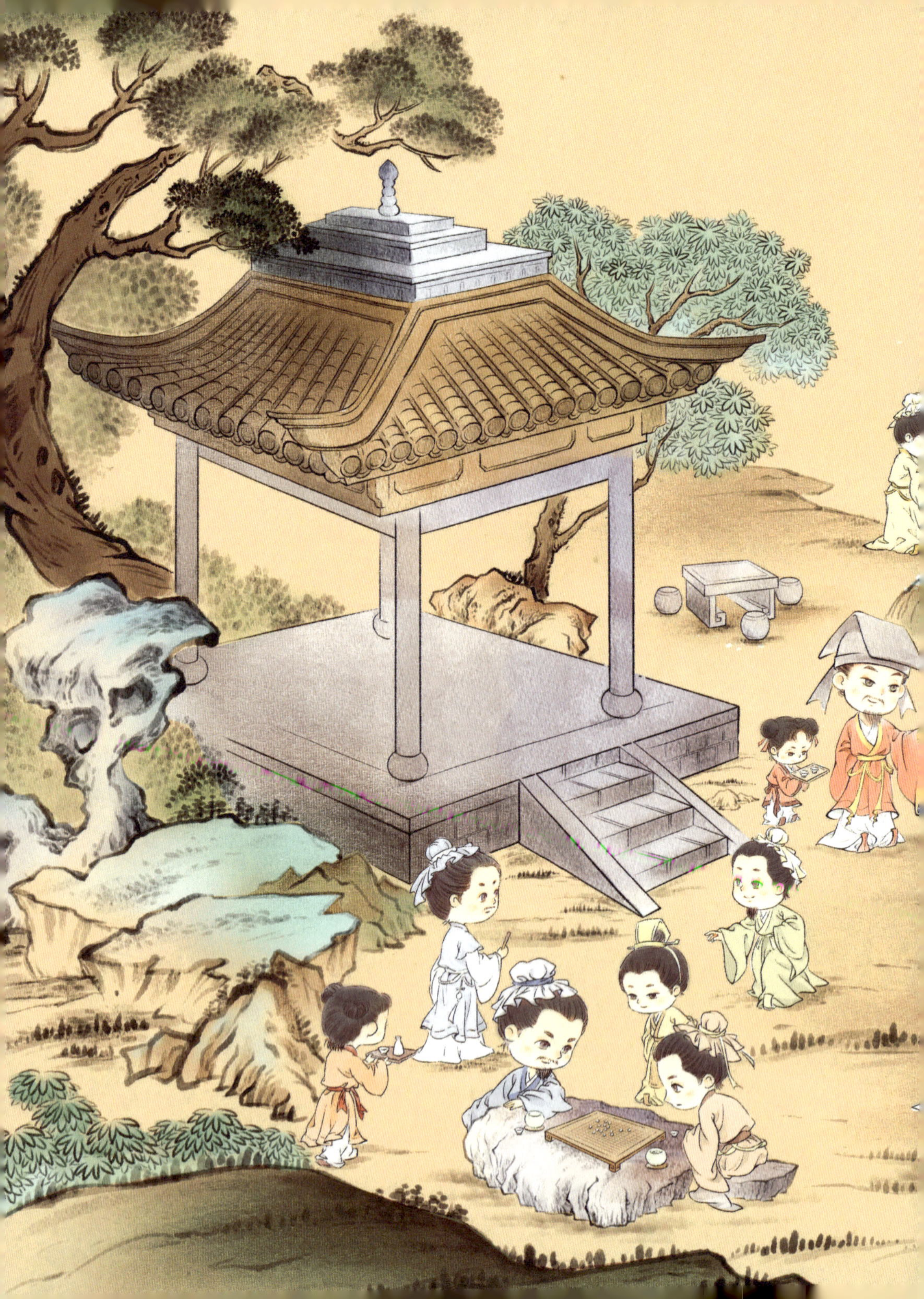

曲水流觴

三月上巳这天于河边泛酒，忽有一金人持水心剑出来，对秦昭王说：'持此剑可据有西夏之地。'后来秦国称霸，为了感谢神的帮助，便在金人出现处立曲水祠，此俗被两汉相承，而且规模越来越大。"晋武帝很满意束皙的解释，便赐其金十五斤，又把挚虞贬为阳城县令。

从这里可以看出，晋武帝更乐于取上巳节的吉祥意义，而对先秦时期就已流传的招魂续魄、祓除灾祸的传说不以为然。魏晋时期，上巳节祓除灾祸的意义变得没么重要了。在上巳节那天，人们相邀亲朋，散坐在秀丽的溪水边，将酒斟入带有双翅的酒杯，酒杯随着溪水的流动而漂浮，止于何处，则人取而饮酒。

文人雅士们在上巳节的活动中十分活跃，他们相聚吟咏诗文，讨论学问，形成了独特的集会。王羲之在兰亭举行曲水流觞，增加了吟诗的内容，造就了许多有关上巳节的优秀诗文，写就了中国历史上最著名的文人雅集——兰亭雅集。在东晋永和九年（353年）上巳节这天，王羲之与名士谢安、孙绰等四十余人相聚在会稽兰亭，于溪水两旁席地而坐。亭边的溪水清浅见底，蜿蜒曲折，众人引溪流为"流觞曲水"，将盛酒之觞放于溪流之中，觞浮水中，途经九弯十八折，徐徐而下。按照约定，无论觞于何人面前打转或停留，该人须即兴赋诗并饮酒。伴随着潺潺的水声，宾主觥筹交错，畅谈文事，吟诗作赋，不亦乐乎。酒过三巡，众人皆作有诗文，只差一篇序言，这个任务就落在了王羲之身上。已然微醺的王羲之趁着酒意，大笔一挥，一气呵成写下一篇《兰亭集序》。不承想，这篇《兰亭集序》竟成为中国书法史上的巅峰之作，被誉为"天下第一行书"。王羲之此篇酒后之作不仅使这次聚会名留青史，也使"曲水流觞"声名大噪，被后世文人奉为最风雅的宴饮游戏之一。

从这一记载中，我们可以看到当时士大夫禊饮活动的情况。禊饮地点选在风光秀丽的兰亭，传统的修禊事内涵已发生变化，意在欣赏大好山水，"一觞一咏"的活动被赋予了文人情调，成为文化盛事。在活动中增加了饮酒作诗的部分，就将参与活动的群体由全民共赏缩小到了士大夫文人阶层，普通百姓难以参与其中。《世说新语·排调》记载："郝隆为桓公南蛮参军，三月三日会，作诗。不能者，罚酒三升。"这也说明上巳节的习俗活动逐渐发生变化，由原来祓禊、曲水流觞的民间活动演变为文人士大夫追求风雅的集会活动。文人的大量参与不仅使曲水流觞的游赏性进一步增强，而且使其成为宴集雅会的重要形式。魏晋南北朝时期，许多帝王追求文人的气质和文人的生活方式，同时与文人集会也成为帝王招贤纳士的表征，因而君臣间的曲水宴在特定的时代文化背景下得到崇尚和发展，这也是曲水流觞开始浸染文人气质的最初形式。应该说，兰亭集会在上巳节节日活动的转变中具有重要的作用。此后，曲水流觞成为历代文人骚客诗酒相酬、高歌咏怀的雅兴盛事。

曲水流觞的习俗还以流杯亭、流杯渠等形式得以保存，皇家、府邸园林的主人常修建亭渠用于此。这种流杯渠多用石头建成，沟

链接

兰亭集序

　　永和九年，岁在癸丑，暮春之初，会于会稽山阴之兰亭，修禊事也。群贤毕至，少长咸集。此地有崇山峻岭，茂林修竹；又有清流激湍，映带左右，引以为流觞曲水，列坐其次。虽无丝竹管弦之盛，一觞一咏，亦足以畅叙幽情。

　　是日也，天朗气清，惠风和畅，仰观宇宙之大，俯察品类之盛，所以游目骋怀，足以极视听之娱，信可乐也。

　　夫人之相与，俯仰一世，或取诸怀抱，悟言一室之内；或因寄所托，放浪形骸之外。虽趣舍万殊，静躁不同，当其欣于所遇，暂得于己，快然自足，不知老之将至。及其所之既倦，情随事迁，感慨系

传承千年的
春日序曲

〔晋〕王羲之
《兰亭集序》（唐冯承素摹本）

之矣。向之所欣，俯仰之间，已为陈迹，犹不能不以之兴怀。况修短随化，终期于尽。古人云："死生亦大矣。"岂不痛哉！

每览昔人兴感之由，若合一契，未尝不临文嗟悼，不能喻之于怀。固知一死生为虚诞，齐彭殇为妄作。后之视今，亦犹今之视昔。悲夫！故列叙时人，录其所述，虽世殊事异，所以兴怀，其致一也。后之览者，亦将有感于斯文。

渠弯曲，水自一端流入，经曲渠由另一端流出。这样，人们可以随时享受如上巳节山林郊野的流觞雅趣。

上巳节的曲水流觞是由"曲水浮素卵"和"曲水浮绛枣"发展而来的。这两种游戏是古人求婚求子之遗俗。曲水浮素卵体现了人们对卵的崇拜。卵也被认为是春天的标记，是自然复苏的标记，后世中多用蛋来表示多产多育。上巳节曲水浮卵的民俗活动就是利用卵来祈子。晋张协《洛禊赋》云："浮素卵以蔽水，洒玄醪于中河。"这是文献中关于"曲水浮素卵"的最早记载，可见"三月三"浮卵祈子的习俗逐渐演变成了"曲水浮素卵"。晋潘尼《三月三日洛水作诗》曰："羽觞乘波进，素卵随流归。"

水上浮枣也有祈子的美好寓意，取"枣子"谐音，有早生贵子之意，所以枣也成了妇女祈子用的物品。枣树是一种易成活、生命力强的植物，它枝叶繁茂，果实充盈，具有很强的繁殖能力。人们希望能将枣树这种繁衍能力转移到自己身上，以实现家族的人丁兴旺、繁荣昌盛。因此，枣与人类的生育有着密切的联系，成为古人祈子的信仰之物，经常被用于祈子活动。上巳节曲水浮枣就是一种祈子活动。南朝梁庾肩吾《三日侍兰亭曲水宴诗》记载了当时浮枣之戏的情景："踊跃赪鱼出，参差绛枣浮。"南朝梁萧子范《家园三月三日赋》曰："洒玄醪于沼沚，浮绛枣于泱泱。"

虽然曲水浮卵与曲水浮枣带有祈子的内涵，但是从诗人轻松愉快的诗句中，我们可以看出"浮卵"与"浮枣"在当时只是作为一

传承千年的春日序曲

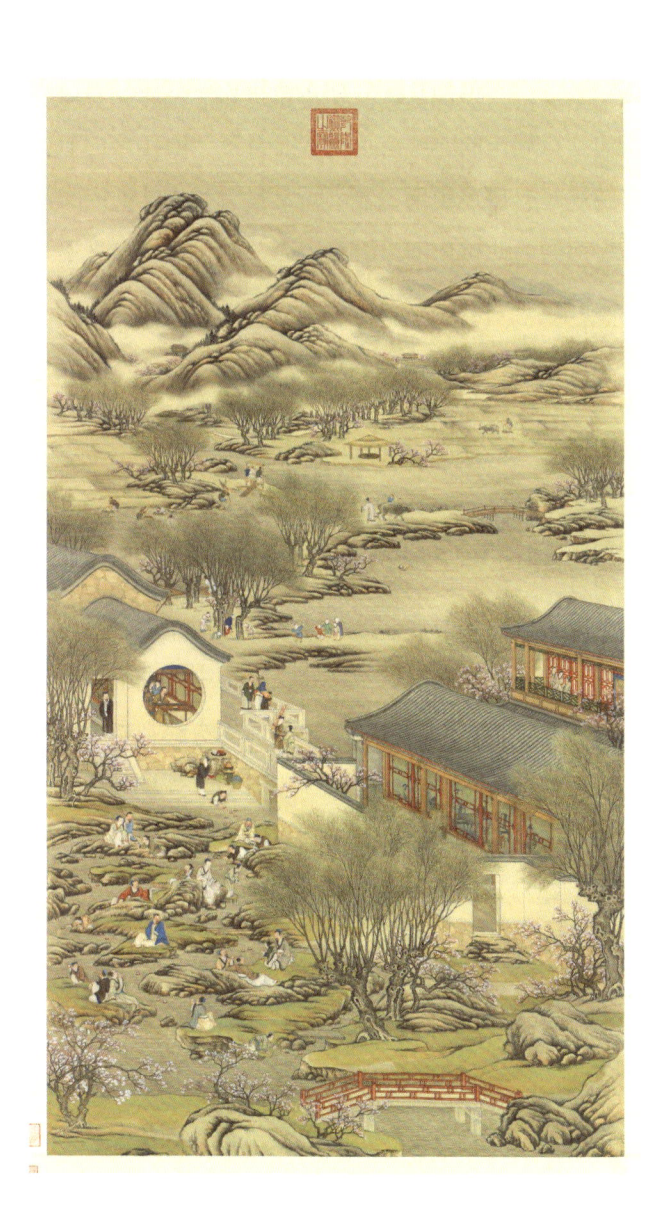

075

〔清〕唐岱、丁观鹏等《清院本十二月令图轴》之三月

种娱乐性质的活动存在，不再像秦汉时期水边祓禊那样庄严，这一时期的人们更多的是以娱乐的方式继承了"三月三"所包含的节俗内涵。这些水滨游戏既有特定的民俗含义，又具有时代性的人文情怀，其内在本质与民俗活动相依随。原来上巳节中的祓禊含义逐渐淡化，转而在优雅的自然环境中依据民俗开展娱乐活动，这样一来就增加了节日的人文色彩与娱乐色彩。

欢会游春：歌舞骑射，赏心悦目

魏晋之际，社会风气发生了巨大变化。士族权贵崇尚玄学，回归山野、寄情山水成了时尚。他们厌恶一切繁文缛节，上巳节烦琐的祓禊流程也一并被嫌弃，而原本附带在礼仪流程中的春游却广受欢迎。三月初三，正值春季，万物复苏，是游山玩水的好季节，上巳节慢慢就成了达官贵人和文人雅士春游踏青、聚会喝酒的日子。南朝皇室在上巳节时举行盛大的宴会，诏宴群臣。南朝梁简文帝的《三日侍宴林光殿曲水诗》描绘了当时盛景：

芳年留帝赏，应物动天襟。挟苑连金阵，分衢度羽林。帷宫对广披，层殿迤高岑。风旗争曳影，亭皋共生阴。林花初堕蒂，池荷欲吐心。

这首诗描绘了一幅莺歌燕舞、歌舞升平的三月上巳节的欢游景象。和风拂面的阳春三月，在皇帝的带领下，一群达官贵人在水边游玩。他们挂上了华丽的帷幔，伴随着歌声和舞蹈饮酒作乐。

上巳节在魏晋南北朝时期是一个盛大而重要的节日，其盛大表现在节日不分地域，大家都喜欢过上巳节。晋时，会稽人夏统去北方的洛阳为其母买药，时值三月初三，《太平御览》卷十五中的《夏仲御别传》描绘了当时洛阳过上巳节时繁华的景象："到三月三日，洛中王公以下，莫不方轨连轸并南浮桥边禊，男则朱服耀路，女则锦绮粲烂。"我国无论南北方地区，多有歌舞之会。《太平御览》卷三十引南朝梁简文帝《三月曲水诗序》描述了当时社会各个阶层的人参加上巳日宴饮的场景："是节也，上巳属辰，余萌达壤，仓庚应律，女夷司候。尔乃分阶树羽，疏泉泛爵，羽觞沿溯，蕙肴沓来，宾仪式序，盛德有容，舞艳七盘，歌浮六变，游云驻彩，仙鹤来仪，都人野老，云集雾会，结轸方衢，飞轩照日。"北方人在上巳节这天则会外出打猎。晋陆翙《邺中记》载："石虎三月三日临水会，公主妃主名家妇女无不毕出，临水施帐幔，车服粲烂，走马步射，饮宴终日。"受当时尚武精神的影响，骑马、射箭等竞技活动也成为节日活动内容。

上巳节还有乘舟的活动。在魏晋南北朝时期的一些诗歌中，我们还能看见当时人乘舟于江面的场景：晋张华《三月三日后园会诗》曰"泛彼龙舟，溯游洪原"，晋闾丘冲《三月三日应诏诗》其

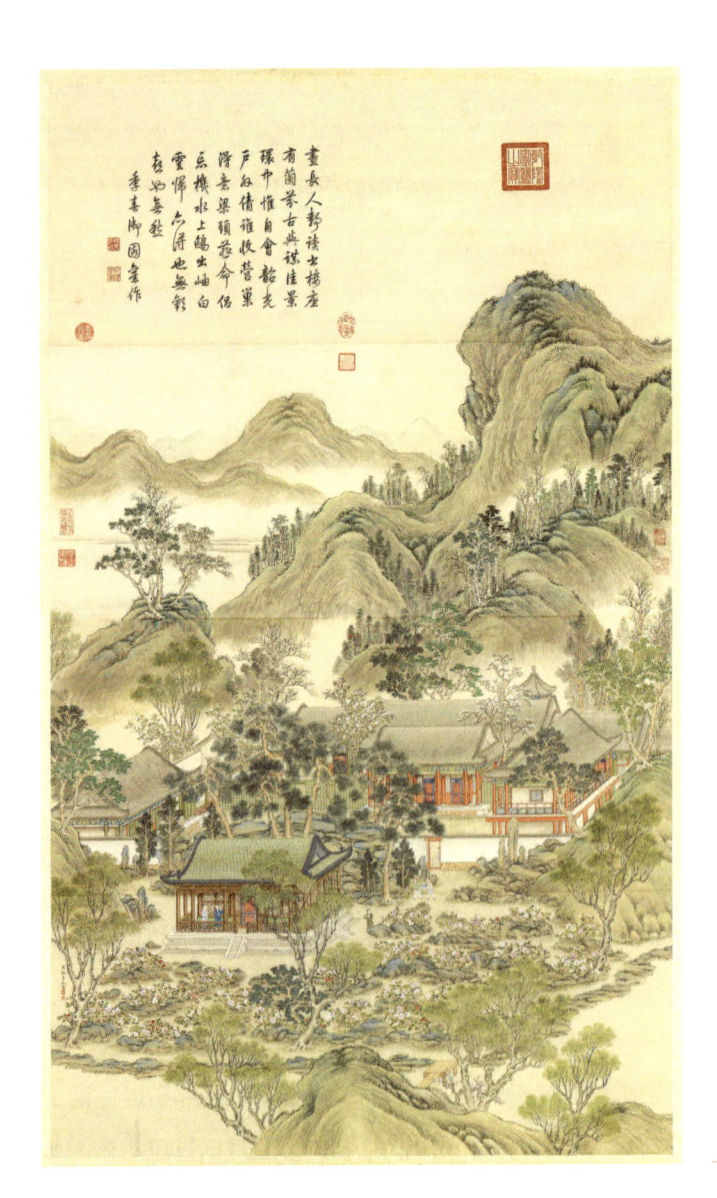

〔清〕余省
《十二禁御图之姑洗昌辰图》

二曰"浩浩白水,泠泠龙舟",晋陆机《棹歌行》曰"龙舟浮鹢首,羽旗垂藻葩"。北魏杨衒之《洛阳伽蓝记》卷一《城内》中描述华林园中有一个大水池,"至于三月禊日,季秋巳辰,皇帝驾龙舟鹢首,游于其上"。到了三月修禊日,皇帝乘坐船头画有鹢鸟的龙舟游览于池中。在当时,乘龙舟观游于水上通常是帝王权贵专享的活动,反映了贵族阶层在上巳节的活动。

魏晋南北朝时期,不仅将上巳节的日期确定在了三月初三,并且水边宴饮、曲水流觞的习俗开始流行,节日的娱乐性开始增强,这时的上巳节已经是一个暮春时节的水边娱乐盛会了。

隋唐：盛会空前万象新

芳菲四月春风暖，又是一年"三月三"。近年来，每逢农历三月初三，古城西安街头万人空巷，曲江边人潮涌动，熙熙攘攘。明媚动人的春光里，流光溢彩的灯火下，人们欢声笑语日夜不断，飞歌踏舞未知疲倦；身着华丽汉服的女士摇曳生姿，风情万种，男士则风度翩翩，气宇轩昂；戏曲杂耍，精彩纷呈，各式美食和各种精致的手工艺品琳琅满目，声声叫卖，充满了节奏感和喜庆的节日气氛。

在此期间，西安还会举办盛大的汉服体验活动，以此纪念古老的上巳节，传承中华优秀传统文化。以上种种，便是"长安上巳文化节"的真实场景。身临其境，不免有一瞬间的恍惚，仿佛我们已穿越千年时空，回到了唐朝，只因杜甫《丽人行》中描述的"三月三日天气新，长安水边多丽人"的热闹景象，此刻竟这般真切地跃然眼前。那么，隋唐时期的上巳节为何会兴盛如斯？其中又有什么好玩有趣的故事呢？

曲江宴饮：自上而下的盛世狂欢

隋唐指的是隋朝和唐朝，因隋朝国祚短暂，而唐承隋制，故常把两朝合称，视为一个连贯的整体，如著名历史学家陈寅恪先生在《隋唐制度渊源略论稿》中写道："李唐传世将三百年，而杨隋享国为日至短，两朝之典章制度传授因袭几无不同，故可视为一体。"隋唐是中国古代历史中的强盛时期，实现了国家的大一统，政治、经济、文化制度都较完善，大大领先于同时期的世界各国，农业生产经验得到推广，生产力水平大幅提升，两朝的君主在治国政策上都较为开明，社会繁荣发展，也带动了周边诸国向中国朝贡、学习。

在这样的太平盛世，百姓的物质需求得到了极大满足，精神文化需求也不断增加。开明的统治者遵循民愿增设了很多假期，与百姓共享节日。在盛唐时期，仅官方规定的正式节假日就有四十七天之多。

唐玄宗开元七年（719年）有上巳节放假一天的规定；唐德宗贞元四年（788年）颁布《三节赐宴赏钱诏》，更将上巳节定为"三令节"之一。在上巳节这天，唐朝皇帝照例会给百官赐钱，并赐宴席，认为举行这样的赐宴活动，可以施惠天下、擢拔人才，树立亲民、爱民形象，亲睦九族、抚慰四夷，严明礼仪，宣扬国威。

上巳节恰逢春暖花开、风景秀丽之际，举办轻松愉快、别具一格的游宴活动在隋唐风靡一时。自唐玄宗时起，曲江便成了上巳节皇帝赐宴的首选地址。曲江在今西安市东南隅，因水波弯折而得名。这里风光旖旎，秦时便被开辟为皇家禁苑宜春宫，专供皇帝游猎。汉代，汉武帝、汉宣帝也曾对其进行营修扩建。隋代，隋文帝时，以曲江为中心营建了皇家禁苑芙蓉园，开辟了群臣在曲江池宴饮，举行春游踏青活动的传统。至唐代，唐玄宗对曲江进行了大规模扩建，园林建设达到了空前绝后的盛况。雕栏玉砌的亭台楼阁、气势磅礴的宫殿城池，彰显了皇家气派，展示了大国实力；而生机勃勃的繁花绿叶，则为宴会增添了几抹诗意，让赴宴之人心情愉悦，吟诗畅饮间，拉近了彼此的距离。为树立爱

传承千年的春日序曲

曲江宴饮

民亲民的贤君形象，上巳节时，唐玄宗不仅赐宴群臣，还特许百姓一同到曲江踏春游玩。他派人修了一条从兴庆宫到曲江池的封闭专用通道——夹城，皇帝、妃子可以直接从中走到芙蓉园，赏春宴饮，在与民同乐的同时，巧妙地维护了皇家隐私。

上巳节时出席曲江宴的人员一般为在京城任职的文武百官，此外，当年选拔出的新科进士也可参加。在唐代，每年赴京赶考的两千多名学子中，只有三十多人能脱颖而出，被录取为进士，而每年新科进士正式放榜的日子恰为上巳节的前一天。新科进士们能参加曲江宴，代表了君主尊重知识、重视人才、积极倾听各方对治国理政的新见解，可激励全国学子上进好学。同时，此举能让新科进士们感恩戴德，终身忠心供职于朝廷，也让他们有机会在宴会上拜谢恩师，寻找志同道合的新友，互相切磋学问。

许多达官显贵还会携带家眷参加宴会，欲在新科进士中物色女婿；商人们乘机抛售各种奇珍异物；百姓也纷沓而来，想要一睹新科进士们的翩翩风采。

上巳即赐宴臣僚，京兆府大陈筵席。长安、万年两县以雄盛相较，锦绣珍玩无所不施。百辟会于山亭，恩赐太常及教坊声乐。池中备彩舟数只，唯宰相、三使、北省官与翰林学士登焉。每岁倾动皇州，以为盛观。

这是唐代康骈在《剧谈录》卷下"曲江"中对曲江宴会场景的描绘。结合其他史料可知，曲江宴上，皇帝、后妃与部分近臣至亲之筵设于芙蓉园的紫云楼上。此楼奢华大气，嵯峨高耸，皇帝坐于其上，曲江欣欣向荣的繁华盛景便可尽收眼底，想来心中一定很是澎湃和自豪；宰相及翰林学士们的筵席设于池中奢华的画舫之上，可一边饮酒，一边泛舟游赏湖光山色，吟诗作对；其他各级官员的筵席则分别设在池周的楼台亭阁，或临时搭盖的锦绣帐幕里，犹如众星捧月围绕紫云楼，体现皇家的威严。达官显贵和新科进士们能亲近君主，得沐圣恩，亦是人生得意之事，少不了推杯换盏，欢声笑语绵绵不断。

宴会上又有哪些美味佳肴呢？唐朝经济繁荣，交通发达，社会风气开放包容，饮食业也不断进步。杜甫《丽人行》中对曲江宴上的美食有这样的描述："紫驼之峰出翠釜，水晶之盘行素鳞。犀箸厌饫久未下，鸾刀缕切空纷纶。黄门飞鞚不动尘，御厨络绎送八珍。"从这生动的刻画里，我们可窥见唐代曲江宴上的美馔佳肴之丰盛。御厨人数众多，他们绞尽脑汁，集思广益，制作出口感丰富且极具新意的美食。

曲江宴的具体菜名和做法早已失传，但唐代韦巨源留下了一份"烧尾宴"（这是新登第的士子或新官上任时，由大臣进献给皇帝或宴请同僚的宴会）的食单，其中罗列了五十八道菜品，有"生进鸭花汤饼"，即用鸭肉汤做的面条；又有"金银夹花平截"，即把蟹

链接

科举制度

科举制度是我国从隋至清这1300多年间实行的一种选官制度。隋代是科举制度的初创时期，当时科举制度尚未建立完善。唐代，科举制度得到进一步完善，科举考试根据朝廷需要的不同人才被分为众多科举门类，武则天时还增加了武举。宋代进一步规范科举制度，正式形成三年一次，分为解试、省试、殿试三个等级。至1905年，科举制度被废除。

黄、蟹肉剔出来，夹在蒸卷里切成小段；"冷蟾儿羹"是蛤蜊羹；"遍地锦装鳖"是以甲鱼为主料，配以鸭蛋黄和羊油烹制而成，有时还加上华美的装饰。从这份不完整的食单里，我们尚且能看出唐代宴会食材丰富、制作精良，多种菜系融合创新，就连命名也别出心裁。上巳节曲江宴是皇帝赐予群臣的年度盛宴，无处不彰显着皇家的尊贵，不难推论，曲江宴上的美食与"烧尾宴"上的相比肯定有过之而无不及。①

唐玄宗时，有多篇为感谢唐玄宗赏赐食物而写的文章，如《为李林甫谢赐食物状》中写道："内官赵承晖至，奉宣圣旨，赐臣车螯蛤蜊等一盘，仍令便造。赵臣忠至，又赐生蟹一盘。高如琼至，又赐白鱼两个。"这也从侧面反映出唐朝宫廷食材中海味山珍的占比是很大的。其他的文献资料，如《隋唐嘉话》中有被称为"东南佳味"的"金齑玉脍"，《明皇杂录》中谈到的"甘露羹"，《清异录》中提及的"缕金龙凤蟹"，《岭表录异》中提及的"炒蜂子""虾生"，以及《同昌公主传》中提及的"消灵炙""红虬脯"，《卢氏杂说》中唐玄宗赐给安禄山的"热洛河"，也都可以让我们粗略地感受到唐朝宴会上海味珍馐之多，精美绝伦之妙。②值得一提的是，新科进士参与的曲江宴上，往往还会有樱桃。这是因为樱桃先于百果成熟，对水分要求高，产量较低，因而十分难得，自古以来便是珍贵的果品，唐代从帝王、后妃到士大夫都喜食樱桃。曲江宴举办之时，长安樱桃刚刚成熟，就算是权贵也未必能立马享用这鲜美的味道，皇帝将

① 刘冬梅、王永平：《从"烧尾宴"看唐代饮食的发展水平》，《饮食文化研究》2004年第1期。

② 张萍：《唐代长安的饮食生活》，载史念海主编《唐史论丛》第六辑，陕西人民出版社，1995。

其赏赐给新科进士，不仅与时令相符，而且"樱桃初出"的吉兆正对应了金榜题名的欢喜，因此文献上又把这种宴会称为"樱桃宴"。唐代人吃樱桃时，往往"和以糖酪"，酸甜可口、汁水丰富的新鲜樱桃搭配上甜甜的糖浆、醇厚的乳酪，口感极富层次。乳酪搭配樱桃，碰撞出了新的味觉体验，也侧面反映了唐代人包容并蓄、勇于接受和尝试外来事物的精神。朝廷还会象征性地赐予新科进士每人一枚"红绫饼"，这也体现了唐代大兴科举制度，对人才十分重视，只有努力奋斗，过五关斩六将的学子才有资格得到红绫饼，获得这份殊荣。①

曲江宴上，还有丝竹声声，悦耳动人，训练有素的舞女翩翩起舞，红袖添香。舞蹈种类繁多，有刚健雄强、节奏明快的健舞，也有优美妩媚、节奏舒缓的软舞，还有多人配合、特色鲜明、气势恢宏、编排巧妙的花舞、字舞、马舞、狮舞，婀娜多姿、精彩纷呈、引人入胜。

隋唐时期的歌舞艺术，在理论和实践方面都实现了前所未有的新发展。统治者认为音乐舞蹈能促进社会和谐，有独特的教化和娱乐功能，可引发情感共鸣，凝聚人心乃至彰显国力，故十分重视歌舞艺术。这一时期的歌舞艺术作品，在吸收前代歌舞艺术的基础上，融入佛教、道教等宗教音乐元素，糅杂西域歌舞风格，极具创新性、观赏性，成为大型宴会上不可或缺的重要部分。②

相传，唐朝有一首名为《赤白桃李花》的乐曲，是上巳节曲水宴的专用乐曲，与《霓裳羽衣曲》齐名，《唐会要》记载太乐署供

① 骆亚琪、樊志民：《唐代进士宴会中的饮食文化》，《安徽农业科学》2013年第17期。

② 吴玉贵：《中国风俗通史》，上海文艺出版社，2001。

奉曲名内即有此曲。唐代诗人元稹《和李校书新题乐府十二首·法曲》中写道："明皇度曲多新态，宛转侵淫易沉著。赤白桃李取花名，霓裳羽衣号天落。"李益《听唱〈赤白桃李花〉》诗云："赤白桃李花，先皇在时曲。"

只可惜这曲承载着世人们"盛唐记忆"的《赤白桃李花》在我国早已失传，只在日本作为雅乐的唐乐沿用至今。现存最古老的《赤白桃李花》乐谱见于966年源博雅编撰的《博雅笛谱》。《博雅笛谱》中的部分乐谱来自日本南宫贞保亲王的《新撰横笛谱》（921年），而贞保亲王又是曾在扬州学习琵琶的遣唐使藤原贞敏之高徒。据筝谱集《仁智要录》记载："《南宫横笛谱》云，大唐三月曲水宴必舞此曲。"日本乐人狛近真写成于1233年的乐书《教训抄》也说："《桃李花》，又名《赤白》，《贞保亲王谱》据伊势兴房所云，唐朝桃花盛时之宴乐，于三月三日曲水宴奏此曲。"两条记载引用早已散佚的贞保亲王《新撰横笛谱》，说明该曲为唐朝上巳节曲江宴专用曲。[①]

曲江宴上有丰盛的美食，有令人赏心悦目的歌舞，更少不了美酒佳酿。隋唐时社会风气开放自由，酒是隋唐日常宴饮必用之品，官民饮酒成风，酒文化得到了空前发展。那么，隋唐时期的人喝的是什么酒呢？唐朝宫廷有专门的酿酒机构，宫廷名酒主要有酴醾酒、桑落酒、三辰酒、凝露浆、桂花醑等，曲江宴举办之际为春天，故君主往往依时节赏赐酴醾酒给下臣。据《辇下岁时记》记载："新进

① 吴真：《听唱〈赤白桃李花〉：日本文献所见唐代春日乐舞》，《光明日报》2022年5月2日。

士则于月灯阁置打球之宴,或赐宰臣以下酴醿酒,即重酿酒也。"隋唐时有的皇帝还对酿酒有浓厚的兴趣,隋炀帝、唐太宗、唐宪宗都是酿酒行家,有时他们也会拿出亲自酿的美酒赐给群臣,以此体现亲和之态,笼络臣子之心。除了宫廷、君主自酿酒,各地和异域的贡酒也不少,唐史中提到的贡酒有剑南烧春酒和宜春酒。唐期诗人曹松在《及第敕下宴中献座主杜侍郎》的诗中说:"半夜笙歌教泥月,平明桃杏放烧春。""烧春"指的是剑南烧春酒。此外,隋炀帝曾在"西域胡人"处学得酿造"玉薤酒"的方法。唐太宗时期葡萄酒在中原地区得到了推广,风行一时,从外国传入的甘蔗酒、龙膏酒、槟榔酒、椰花酒等,也大大丰富了这一时期的饮酒文化。[①]

曲江宴上盛大的欢庆场景,让人心驰神往,沉醉其中,久不能忘。觥筹交错中,人们敞开心扉,进一步拉近了彼此的距离。酒过三巡后,皇帝和臣子们诗兴大发,洋洋洒洒写下很多动人诗篇,想把盛宴细细描绘,把心中的激动和震撼与时人分享,与后人同欢。

① 武玉秀:《唐代酒筵文化研究》,硕士学位论文,温州大学,2009。

〔唐〕张萱
《虢国夫人游春图》

"岁闰节华晚，众芳繁暮春。霁日天地晴，元巳风景新。禊饮传旧俗，古今欢此辰。至乐在同和，丝竹奚所陈。薰琴是赏心，姑射可凝神。何必尚耽缅，浮觞曲水滨？"这是唐德宗李适的诗作《贞元六年春三月庚子百僚宴于曲江亭上赋诗以赐之》，为我们生动地展示了上巳节曲江宴的各种节庆活动和风貌，抒发了乐观通达、洒脱不羁的情怀。唐朝诗人王勃在《上巳浮江宴韵得址字》里写下"披观玉京路，驻赏金台阯"，王维在《三月三日勤政楼侍宴应制》里写道"彩仗连宵合，琼楼拂曙通"，张说在《三月三日诏宴定昆池宫庄赋得筵字》中写道"舟将水动千寻日，幕共林横两岸烟"，这些诗词用夸张、华丽的辞藻烘托出帝王驾临时恢宏壮观的气派，绘声绘色地描写出山水锦绣、花柳辉映、玉液琼浆、珍馐美馔，好一派歌舞升平的盛世景象。

隋唐时期延续了北方游牧民族特有的春季狩猎风俗，在举办曲江宴后，往往还会举行大射礼。《唐会要·大射》记载了唐太宗、唐高宗、玄宗时多次举行大射的事件，《旧唐书·许景先传》把上巳节又称为"赐射节"。唐玄宗时，对在大射礼中射箭技艺出色者赐以马、绫、布帛等，以此展示皇权和国家军事实力，彰显政治和谐稳定，震慑敌对势力，同时射礼还带有一定的娱乐性质，可以增强君臣的交流，密切君臣关系。大射之时，场面声势浩大，多有观礼者。唐诗人崔元翰在诗作《奉和登玄武楼观射即事书怀赐孟涉应制》中写道："宁岁常有备，殊方靡不宾。禁营列武卫，帝座彰威神。讲事一临幸，加恩遍抚巡。城高凤楼耸，场迥兽侯新。饮羽连百中，控弦逾六钧。拣材尽爪士，受任皆信臣。光赏文藻丽，便繁心膂亲。复如观太清，昭烂垂芳辰。"从中我们可以窥见当时的情形，感受到座中"爪士""信臣"箭法之高超。唐代诗人李白、杜甫均是射箭能手。"闲骑骏马猎，一射两虎穿。回旋若流光，转背落双鸢。"豪放不羁的李白在《赠宣城宇文太守兼呈崔侍御》这首诗中展示自己的射猎技术和非凡气势。杜甫《壮游》中的"射飞曾纵鞚，引臂落鹙鸧"，可见其少年意气及射猎水平之高超。李涉《看射柳枝》中的"万人齐看翻金勒，百步穿杨逐箭空"描写出了射手百发百中、箭无虚发的高超射术。① 然而，由于大射礼流程较死板，活动奢靡，在唐朝政权逐渐稳固后，上巳节大射礼慢慢淡出了政治舞台。②

① 于俊利：《唐代宫廷射礼的社会文化学考释》，《咸阳师范学院学报》2021年第5期。

② 王博：《唐宋射礼的性质及其变迁——以唐宋射礼为中心》，《唐史论丛》2014年第2期。

慢享春光：雅俗共赏的春日浪漫

隋唐时期，大兴科举制度，在一定程度上推动了教育事业的发展，进士科以诗赋作为主要的考核内容，故而文人学子都会专门学习作诗，诗歌文化全面繁荣，在唐朝时达到顶峰。诗歌真实记录了隋唐百姓的生活点滴，上巳节也不例外。如白居易的《三月三日》："画堂三月初三日，絮扑窗纱燕拂檐。莲子数杯尝冷酒，柘枝一曲试春衫。阶临池面胜看镜，户映花丛当下帘。指点楼南玩新月，玉钩素手两纤纤。"文词清丽，寥寥数笔便生动地描绘出了上巳节的独特风景。柳絮纷飞，鸟语花香，人们相聚游玩，共享浪漫的春日时光。一支柘枝舞让人目不转睛，杯酒尽凉。美人美景交相辉映，令人久不能忘。月上高楼，人们仍流连忘返。

上巳节这天，除了皇帝赐宴，文人雅士也会效仿兰亭集会，自发组织聚会，于江水之畔、园林之中共尝美酒，同赏春光。如唐高宗调露二年（680年），很多文人举行了一场上巳诗会，曲水流觞，行酒令。《全唐诗》中收录的几首上巳节诗就完整地展现了当时的盛况。崔知贤《三月三日宴王明府山亭（得鱼字）》中曰："京洛皇居，芳禊春余。影媚元巳，和风上除。"席元明《三月三日宴王明府山亭（得郊字）》中曰："日惟上巳，时亨有巢。中尊引桂，芳筵藉茅。"韩仲宣《三月三日宴王明府山亭（得花字）》中曰："沟垂细柳，岸拥平沙。歌莺响树，舞蝶惊花。云浮宝马，水韵香车。"高球《三月三日宴王明府山亭（得烟字）》中曰："陆离轩盖，凄清管弦。萍疏波荡，柳弱风牵。未淹欢趣，林溪夕烟。"高有《三月三日宴王明府山亭（得哉字）》中曰："暮春元巳，春服初裁。童冠八九，于洛之隈。河堤草变，巩树花开。"文人们通过这些优美的诗句，栩栩如生地描绘出了和风送暖，万物复苏，百花争妍，垂柳随风飘舞，彩蝶和鸟儿自由飞翔，水波荡漾的春日美景，充满了画面感和生命力，表达了他们崇尚自由、追求浪漫的精神，抒发了与志同

传承千年的春日序曲

〔明〕文徵明
《兰亭修禊图》

道合的朋友把酒共欢的喜悦之情。

除描绘集会的诗文外，书写其他内容的上巳诗歌也数量颇多，内容主要可以分为描写上巳祓禊、上巳宴会、出游踏青三类，如徐彦伯《上巳日祓禊渭滨应制》"晴风丽日满芳洲，柳色春筵祓锦流"描写了上巳节人们在水边祓禊、游玩的场面。又如白居易《和春深二十首》其十五"兰亭席上酒，曲洛岸边花"，表现出唐代文人对昔日兰亭集会的怀念与推崇。刘禹锡《三月三日与乐天及河南李尹奉陪裴令公泛洛禊饮各赋十二韵》"翠幄连云起，香车向道齐。人夸绫步障，马惜锦障泥"则抒发了人们上巳节出外游玩的喜悦之情。隋唐上巳诗与世俗相结合，体现出浓厚的生活气息，多寄托文人祈求国力昌盛与追求自由浪漫的情感，也有一些思乡怀友与感遇伤怀之作，如白居易《三月三日登庾楼寄庾三十二》："三日欢游辞曲水，二年愁卧在长沙。每登高处长相忆，何况兹楼属庾家。"诗人遥想当年上巳节曲江泛游的欢乐场景，如今却身在异乡，卧病在床，心中满是哀伤和惆怅。孟浩然《上巳日涧南园期王山人、陈七诸公不至》的"群公望不至，虚掷此芳晨"则表达了对亲人朋友的无限怀念之情。

可以说，上巳节和唐诗文化是互相成就的，上巳节的兴盛为文人们提供了很多创作的素材和灵感，而这些生动美好的不朽诗篇，也极大地丰富了隋唐上巳节的节庆文化内涵，让后人得以追忆往昔，寄情遐思。

上巳节不仅是王公贵族、文人雅士的专属佳节，更是全民参与、气氛热烈的盛大庆典，彰显着雅俗共赏的中式浪漫。"巳日帝城春，倾都禊饮晨。"唐代诗人崔颢《上巳》中的这句话，描绘了上巳日人们倾城而出，拥至江边祓禊，洗濯污垢，驱除不祥，祈求幸福安康的场面。

由此可知，隋唐时期，人们仍沿袭旧俗，将祓禊视为上巳节不可或缺的节日内容。祓禊习俗源于上古时期兰汤辟邪的巫术仪式，但是到了隋唐时期，祓禊习俗更多的是遵循传统，图个吉利，在春水里寄托对美好生活的憧憬和向往，仪式的过程不像旧时那么严肃和神圣。

在这样一个亲水的节日，唐代人也很喜欢以游宴的形式举行庆贺活动。他们泛舟江上，一边饮酒一边赏景，佐以歌舞奏乐，惬意悠然。宋之问曾泛舟昆明池，描绘了"桃水涨而浦红，蘋风摇而浪白"的良辰美景。卢纶则奉陪浑侍中泛舟渭河，共同领略了"青舸锦帆开，浮天接上台。晚莺和玉笛，春浪动金罍"的优美风情。伴随着舟船成为许多唐代人在上巳节的活动空间，船上、水中的活动变得丰富起来。人们在船上安排百戏表演——这是一种以幻术、杂技为主的综合性文艺表演形式，娱乐性极强，表演时万众喧腾，热闹非凡。符载的《上巳日陪刘尚书宴集北池序》对此有集中描写："其降车也，鼙鼓发；登舟也，丝桐揭；解缆也，百戏作。"

唐代上巳节还出现了竞渡的新节俗。薛逢的《观竞渡》中写道：

"三月三日天清明，杨花绕江啼晓莺。使君未出郡斋内，江上已闻齐和声。使君出时皆有引，马前已被红旗阵。两岸罗衣破鼻香，银钗照日如霜刃。鼓声三下红旗开，两龙跃出浮水来。棹影斡波飞万剑，鼓声劈浪鸣千雷。"上巳竞渡时锣鼓喧天，争夺激烈，观众紧张呼喊的盛况如在眼前，从中也体现了唐代人积极进取、奋发向上、奔放热情的精神。

百姓们往往还会结伴外出郊游，我们或许都读过李商隐的诗《登乐游原》，其中说道"向晚意不适，驱车登古原"。这里的"古原"——乐游原便是最受时人欢迎的地点之一，因此处地势高耸，视野开阔，立其上，满目春光尽收眼底。外出郊游时，人们兴之所至，踏歌起舞，用淳朴而原始的方式，尽情地抒发内心的喜悦和欢愉，享受这美好的春光。青年男女相识于山水之间，旖旎风光自然营造出了浪漫的氛围，惹得人心潮澎湃，忍不住互诉衷肠。

暮春时节，百花争奇斗艳，赏花也成为上巳节不可或缺的节日活动。长安的富家女子会在游园时"斗花"，即比比看谁佩戴的鲜花更名贵。为在比赛中拔得头筹，她们甚至不惜花重金争购名贵花卉。有些地方在上巳节还有戴荠菜花、戴柳插柳的习俗。荠菜花是上巳节的时令花卉，在上巳节佩戴荠菜花被唐代人认为是很风雅的行为。也有说法认为，把荠菜花戴在头上，可以不犯头痛病，晚上可以睡得特别香甜。古文有云："三月三日，取荠菜花铺灶上及坐卧处，可辟虫蚁。"意思是说，在上巳节这天，把荠菜花铺在灶上以及坐、睡之处，可除蚂蚁等虫害。戴柳一般是将柳枝戴于妇女头上，插柳则是插在轿乘或孩童的衣襟处，因柳树生命力强大，唐人认为此举可以避病消灾。

上巳节还会举行一系列民间娱乐活动，主要包括拔河、蹴鞠、投壶、踢毽子、下围棋、听蛙鸣、玩叶子戏、荡秋千、放纸鸢、斗百草等。拔河不仅兼具竞技性、娱乐性和观赏性，还有祈求丰收之意，有助于增强人们的交流互动，每次参加比赛的人甚至多达千人，可谓规模盛大；蹴鞠则是我国古代的足球运动，讲究队员间的协作配合；投壶是宴饮时的趣味游戏，即将箭从远处投射进长形壶口，投入者为胜方，投不中者罚酒。下围棋、踢毽子、玩叶子戏、荡秋千、放纸鸢、斗百草等活动也深受女子喜爱[1]，下棋时，她们和男子们在棋牌局上切磋对弈，表现出了她们的聪明智慧。在踢毽子、放纸鸢时她们也会脱掉裙裳，身着轻便短衣，大方地展示着身姿，这也让我们从侧面了解到唐朝人是崇尚自由平等、开放包容、尊重女性的。唐朝的女孩自信从容，大多妆容精致，身上穿着色泽艳丽、光彩夺目的华丽服装，额上、鬓间装点着鲜花和珠钗，把她们衬托得娇艳欲滴，引人瞩目。她们可以自由地参与自己喜欢的节日活动，自如洒脱，热情洋溢。

这就是隋唐时期的上巳节，它的活动形式是丰富多彩的，文化内涵是博大精深的，对周边各国及后世的影响广阔深远，可以说上巳节的生命正是在这一时期达到了古代社会的顶峰。

---

[1] 孙玉荣：《唐代岁时节日中的女性休闲活动》，《湖北理工学院学报（人文社会科学版）》2013年第2期。

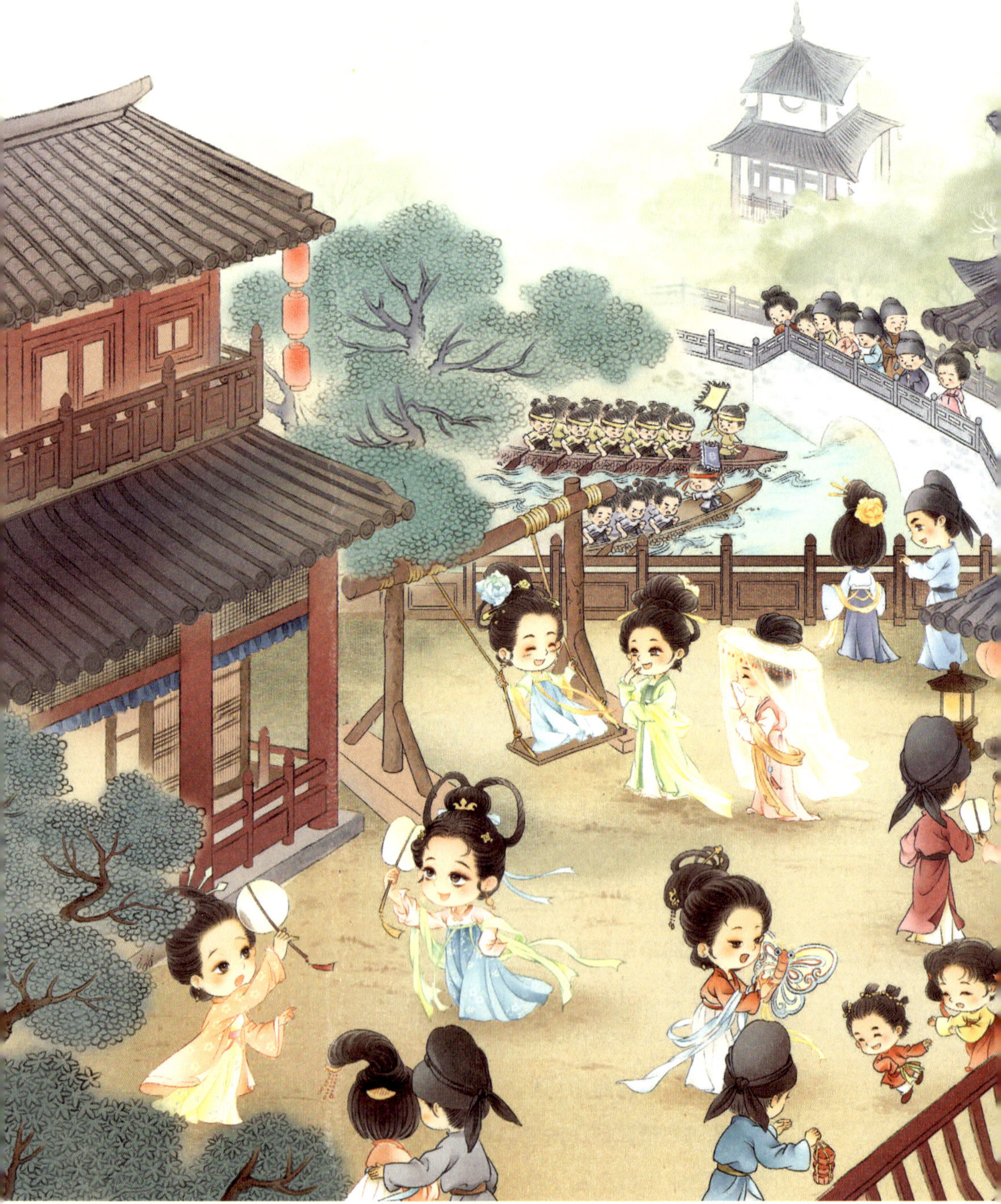

春日狂欢

宋元：古俗流转焕新彩

宋元时期是上巳节流变发展的重要时期。一方面，由于核心节俗流失等，上巳节在中原地区逐渐式微，可谓"隋唐盛景今不再，犹怜春光自嗟哀"。另一方面，随着南宋经济重心南移，元代统一全国，中原文化进一步向中南、西南地区渗透，上巳节与当地民族特色文化融合后，转变为"三月三"，焕发出新的活力与生机，节日的盛景概括起来，正是"春色融融着盛装，飞歌踏舞三月三"。那么，我们一起来探寻变化的原因，看看具体的变化过程吧！

节日地位衰变：中原节俗悄然改

安史之乱后，唐朝由盛转衰，藩镇割据不断，随后中国进入了五代十国这一段大分裂时期，直到宋太祖赵匡胤建立宋朝，宋太宗赵炅基本统一全国，这一局面才得以改变。

北宋在167年间统治着中原地区，上巳节仍沿袭前代春日祓禊、曲水流觞、饮酒作乐等节俗活动，在此基础上出于宋代对三教合一的提倡，还产生了此日为"北极佑圣真君"圣诞一说。[①]

宋代诗词中有不少反映宋人沿袭旧俗，临水祓禊、祈求子嗣的描写，如欧阳修《和昭文相公上巳宴》中写到的"一雨初消九陌尘，秉兰修禊及芳辰"，便是描写了上巳时节雨后初晴，人们纷纷以香草祓禊，祛除不洁的场景。

宋代词人魏了翁在《上巳领客》中说的"春分以后弗无子，往往援引诗生民"，辛弃疾在《鹧鸪天·寿吴子似县尉，时摄事城中》提到的"要知此日生男好，曾有周公祓禊来"，反映的就是上巳求子习俗。在宋代，求子之俗还逐渐发展为摸石祈子，以石象征生殖神对赐予男或女的暗示，如《太平寰宇记》卷七十六引《九州要记》记载的"四川横县玉华池，每三月上巳有乞子者，澌得石即是男，瓦即是女，自古有验"，以及《云笈七签》卷一百二十二《道教灵验记》中写到的宋代金堂县有一井，"又每岁三月三日，蚕市之辰，远近之人，祈乞嗣息，必于井中，探得石者为男，瓦砾为女"。所谓石

[①] 何丹：《宋代上巳诗词研究》，硕士学位论文，西北大学，2014。

得男、瓦为女,是和《诗经·小雅·斯干》里生男为弄璋、生女为弄瓦联系起来了。

除了祓禊、祈子,宋人也热衷于在上巳节宴饮。《西京杂记》卷三记载:"三月上巳,张乐于流水。"欧阳修《三日赴宴口占》记载:"赐饮初逢禊节佳,昆池新涨碧无涯。"毛滂《代人和御制上巳赐宴诗》:"曲水传觞盛,皇只布德初。"钱易的《上巳至玉津园赐宴》:"禁园宣密宴,玉馔赐天厨。""帝泽恩何重,春风节已徂。"陈襄《次韵朱兵部上巳赐宴》:"禊饮开天苑,英游缀士林。"上述诗句描写的都是宋代上巳时皇帝临水赐宴的场景。

但到北宋后期及南宋,邦国多难,国家政权岌岌可危,统治者无暇自顾,较少有赐宴,而文人因对兰亭雅集、曲水流觞的故事尤有兴趣,还常自发组织聚会,如强至《上巳饮许公亭通判钱郎中以诗献因依韵和呈》中的"丞相开筵御水头,席间别乘擅诗流",写出了丞相在上巳节组织宴会,文人纷纷提笔作诗的风雅场面,《即席依韵奉和司徒侍中上巳会许公亭二首》中的"三春乐事揖兰亭,驻旆名园敞绣扃"更是将参与上巳节的宴会称为一大乐事。从文同《守居园池杂题·禊亭》中的"悬流效曲水,上巳娱嘉宾",辛弃疾《新荷叶·徐思上巳乃子似生朝,因为改定》中的"曲水流觞,赏心乐事良辰。今几千年,风流禊事如新"中,我们看到宋代文人以极大热情效仿兰亭之会,而这本质上是他们对魏晋风骨的追赏,对自由浪漫的崇尚和向往。

据统计，唐代有史料记载的较重要的上巳宴会有 11 次，与之相近的寒食、清明节宴会 4 次，主要集中于唐高宗、武后至中宗时期，体现了气势恢宏的皇家气派，宴会上所作诗篇皆充满了豪迈激情。而宋代上巳宴会仅有 5 次，寒食、清明节宴会 3 次[①]，规格档次、规模人数、流传于世的上巳诗词作品数都无法与唐朝相较。这与两朝统治者对上巳节的重视程度不同及唐宋社会气象的变化有密切关系。

此外，游玩赏春仍是宋人在上巳节会开展的节庆活动。从宋代诗词中，我们可知宋人游玩的主要内容包括郊游踏青、荡秋千之戏、乘船游玩和彩舟竞渡等。杨万里《上巳后一日，同子文、伯庄、永年步东园三首》中的"兄弟相过看牡丹，牡丹看了看东园。攀翻花木来还去，九径还行十八番"，写的是上巳节游园赏花。朱翌《上巳陪诸公集西湖》中的"青春在西湖，湖水绿以匀。诸公乃肯游，盘飧仍集珍"，写的是上巳游湖。而陈宓《上巳日游延平修禊洞》中的"幽花与修竹，撑映释氏庐。同游皆胜士，适值暮春初"，描绘的则是上巳日到洞中游玩的场景。

荡秋千本是唐代开始盛行的寒食节体育运动，因寒食节与上巳节、清明节日期十分相近，自唐朝起，上巳节和寒食节、

[①] 张丑平：《上巳、寒食、清明节日民俗与文学研究》，博士学位论文，南京师范大学，2006。

清明节就逐渐呈现融合之势，荡秋千也成了上巳节里重要的一项娱乐活动。关于荡秋千的起源众说纷纭，有这样几种说法流传较广：第一种，荡秋千是北方山戎民族喜爱的游戏活动，在每年的寒食节开展；第二种，认为秋千为汉武帝后庭之戏，本为"千秋"，是宫廷祝寿词；第三种，认为荡秋千源于古人原始的狩猎活动。究竟哪种说法才是正确的，至今尚无定论。《开元天宝遗事》中有记载："天宝宫中至寒食节，竞竖秋千，令宫嫔辈戏笑，以为宴乐，帝呼为半仙之戏，都中士民因而呼之。"试想一下，莺飞草长，百花芬芳，在明媚的春光里，面容姣好、衣着华丽的妃嫔们三三两两在秋千上荡漾，飘飘然于半空之中，笑声爽朗，好似仙子下凡，优雅飘逸，动人非凡。难怪唐明皇要称之为"半仙之戏"。

《全唐诗》中关于秋千的诗有四十余首，而《全宋词》里关于秋千的词则有两百多首，如宋代词人储泳在《齐天乐·东风一夜吹寒食》中写道："东风一夜吹寒食，红片枝头犹恋……陌上秋千，相逢难认旧时伴。"词中写出了乡村民间荡秋千的生动场面。这是因为在宋代，女子忙于女红，又为礼教所缚，被要求矜持端庄，平时并不常游戏，节日时则获得了闲暇和许可，因此荡秋千这项对体力要求不高，兼具娱乐性、竞技性的民俗活动便被保存了下来，获得了宋人尤其是女子的喜爱。

在文人墨客的笔下，秋千逐渐成了一个特有的文学意象，展现了女子不同的生命形态：待字闺中未恋爱的少女无忧无虑，欢快的秋千承载着女子青春特有的活泼与潇洒。如王建《秋千词》"少年儿女重秋千，盘巾结带分两边"写出了年轻女子骄傲自信、率真要强的可爱模样。恋爱、嫁人后，秋千旁的女子往往是惆怅的形象，如欧阳修《满路花》"起来云鬟乱，不妆红粉，下阶且上秋千"，周密《解语花》"睡起折花无意绪，斜倚秋千立"，其中的女子形象是心思细腻、多愁善感的，她们或因感韶华易逝而面带愁容，或因思念故人而心中惆怅。欧阳修《蝶恋花》"泪眼问花花不语，乱红飞过秋千去"描写的是贵妇独守空房等丈夫归来的苦闷心情。"胧月黄昏亭榭，池上秋千初架。燕子说春寒，杏花残"则是诗人朱敦儒思忆故国及亡妻的感伤之作，秋千与众多意象构成回忆，让人唏嘘哀叹。

强至《和司徒侍中上巳会兴庆池韵》中写的"游人犹爱画船撝"，方岳《上巳溪泛》"舴艋舟轻暖欲酣"，范成大《暮春上塘道中》"店舍无烟野水寒，竞船人醉鼓阑珊"，都提到了宋人乘船游玩的场景。晏殊《上巳琼林苑宴二府同游池上即事口占》"曲榭回廊手伎喧，彩楼朱舫鼓声繁"，描绘了彩舟竞渡的热闹场面，这几项活动，也是沿袭了唐朝旧俗。

《水经·浊漳水注》记载，上巳日是开始养蚕之日。《杂五行书》云："欲知蚕善恶，常以三月三日'天阴而无日'不见雨，蚕大善。"后有以这日天气阴晴预测会否蚕事丰收的习俗。如陆游《上巳书事》"得雨人人喜秧信,祈蚕户户敛神钱",以及他的《上巳》"残年登八十,佳日遇重三。帘幕低新燕,房栊起晚蚕",也可看出上巳日以天气预测蚕事这一习俗的流传。

"郑国之俗,三月上巳,之溱、洧两水之上,招魂续魄,秉兰草,袚除不祥。"战国时期文献《韩诗》有如上记载。正因上巳有招魂之说,逐步形成了上巳扫墓祭祖的习俗。吴自牧《梦粱录》中记载:"官员士庶,俱出郭省坟,以尽思时之敬。"说明宋代已有祭祀祖宗之俗。

说完了宋朝,我们再来看看元朝的情况。1206年,蒙古乞颜部的首领铁木真建立蒙古汗国,他自称成吉思汗。成吉思汗的孙子忽必烈继位后,实现了全国的统一,以"元"为国号。忽必烈一方面大力推行汉法,在制定国家各项制度时,较多地参照了中原地区以前的统治方式;另一方面在一定程度上保留了蒙古贵族的特权,允许他们保留原有的风俗习惯,因此形成了独具朝代特色的节日风俗,既有按照汉族传统习俗安排的各种庆祝活动,也有按照北方游牧民族的传统习俗安排的各类活动。

元朝时,在各种文献中已鲜少有"上巳节""寒食节"的提法,这两个节日的民俗活动已逐渐融入清明节,三节合而为一。祭祖是清明最重要的节俗内容,元杂剧中就有"时遇清明节令,寒食一百五,家家上坟祭祖"的说辞。[1]此外,元朝也承袭了荡秋千、插

---

[1] 陈高华、史卫民:《中国风俗通史·元代卷》,上海文艺出版社,2001。

柳枝、宴饮、游船等上巳旧俗。例如,《析津志辑佚·岁纪》里记载的"上自内苑,中至宰执,下至士庶,俱立秋千架,日以嬉游为乐",无名氏撰散曲《[中吕]迎仙客·十二月》中,二月即为"春日暄,卖饧天,谁家绿杨不禁烟?闹花边,簇队仙。送起秋千,笑语如莺燕"。马致远《[双调]新水令·题西湖四时》[庆东原]"暖日宜乘轿,春风堪信马,恰寒食有二百处秋千架",都提到了荡秋千的风俗。从《析津志辑佚·风俗》"起立彩索秋千架,自有戏蹴秋千之服。金绣衣襦,香囊结带,双双对蹴,绮筵杂进,珍馔甲于常筵。中贵之家,其乐不减于宫闼。达官贵人,豪华第宅,悉以此为除祓散怀之乐事",无名氏《[中吕]四换头》"清明时候,才子佳人醉玉楼""行歌载酒"等记载中都可以看出,当时的清明节日氛围是偏向于轻松愉快的,无论是达官贵人还是普通百姓,都有聚会宴饮之俗。

节俗的形成和衰微,并非一日一年所致,它随着人们生产生活需要在漫长的时光中逐步发展和变化。以上所述,均表明宋元时期人们还是沿袭了一部分上巳旧俗。但翻阅史料可知,从唐宋开始,上巳节的特色节俗在中原地区正悄然消失。

早在上巳节还未定型之时,民间就有祓禊、祭祀高禖的风俗,可以说这是上巳节的核心节俗,最具特色。会男女、曲水浮素卵、曲水浮枣等后来发展出来的活动,也保持着与其一致的精神文化内涵,都是古人生殖崇拜的体现,表达了他们祈求子嗣的愿望。可以

中华传统文化里的『三月三』

〔明〕仇英
《百美图》(局部)

说，这些特色节俗活动在上巳节长达千年的发展过程中，起到了重要的支撑作用。

而随着社会环境的转变，特别是中原地区生产力水平的提升，医疗卫生条件的发展及思想认识的深入，节日的性质从宗教性向娱乐性转变。上巳节求健康、求偶、求育的内涵不再受到重视，节日习俗中娱乐性较强的部分却被保留了下来，并发展出了聚会宴请、曲水流觞、踏青游玩等新内容，而祓禊、祭祀高禖、会男女这些特色节俗基本失去了其生存的环境和必要性，影响力逐渐减弱。传统节日的发展离不开特色节俗的存在，节日文化内容只有独一无二才有可能被延续、传承[①]，上巳节的节俗特色慢慢减弱，就预示着上巳节在中原地区渐渐式微了。

对比唐诗宋词中对上巳节的描写，我们也能看出，这个曾举国欢庆的盛大节日在广阔的中原地区正慢慢呈现衰微之势。如宋代杜安世《玉楼春》"三月初三春渐老，遍地残花风暗扫。……今年不似去年欢，云海路长天杳杳"，冯伟寿《春云怨·上巳》"曲水成空，丽人何处，往事暮云万叶"，都写出了上巳节盛景不再、今非昔比的悲凉，写出了春光易老、韶华易逝的感伤。刘克庄《忆秦娥·上巳》"修禊节。晋人风味终然别。终然别。当时宾主，至今清绝"，秦观《踏莎行·上巳日过华严寺》"沂水行歌，兰亭修禊，韶光曾见风流士。而今临水漫含情，暮云目断空迢递"则写出了文人对兰亭雅集的追忆和向往，抒发了对往日盛景今不再的惋惜之情。

---

① 郝瑞瑞：《消逝的上巳节》，硕士学位论文，南京艺术学院，2017。

洞明世情：上巳盛景何不再？

除传统节日系统的自我调适外，上巳节在宋元时期逐渐式微还有几个方面的原因。

一是统治者对上巳节的重视程度远不如前。在唐代，上巳节属于"三令节"之一，皇帝鼓励大家快乐过节。三节时，"宜任文武百僚，择胜地追赏"，统治者给予制度化的资金支持。然而，从唐代后期开始，国家经历了藩镇割据的大分裂时期，国事动荡，战乱频发，上巳节的发展失去了统治者的支持与稳定的生存环境。北宋时，寒食节被列为宋代三大节日之一，放假七天，而上巳节、清明节则只放假一天，皇帝在上巳节赐宴和组织的大规模节日活动也大量减少，上巳节的地位和受重视程度大不如前。到了元代，统治者对休假日做出了修改，没有了上巳节放假的规定，寒食节、清明节正式合二为一，一共放三天假，上巳节在中原地区慢慢退出了历史舞台。

二是"程朱理学"的兴起，国家社会风气趋于保守内敛，妇女受到严重的禁锢和束缚。"程朱理学"是指由宋朝的程颢、程颐、朱熹等发展出来的儒家流派，自元朝被统治者定为官学，影响深远。"程朱理学"提出"存天理，灭人欲"的为学之道，对女子的贞节观比汉唐时有更严格的要求，奉行"男女授受不亲"，女子被要求"笑不露齿""足不出户"，而上巳节的临水被禊、会男女、踏青冶游等节庆活动，恰恰是基于女性参与基础上的内容，于是上巳节失去了

传承千年的
春日序曲

〔宋〕刘松年
《江乡清夏图卷》（局部）

生存的文化环境。①

三是宋元时期上巳节和寒食节逐步融入清明节。《岁时广记》卷十七"清明"条引宋吕原明《岁时杂记》云:"清明节在寒食第三日,故节物乐事皆为寒食所包。"这说明因日期相近,当时清明节和寒食节是连着过的。又如唐独孤良弼《上巳接清明游宴》中说"上巳欢初罢,清明赏又追",宋穆修《清明连上巳》里描写"改火清明度,湔衫上巳连",欧阳修《三日赴宴口占》提到"九门寒食多游骑,三月春阴正养花",以及韩琦《清明同上巳》"清明池馆足游人,祓禊风光共此辰。晋俗浮觞存胜事,汉宫传蜡宠邻臣",韩淲《菩萨蛮·小词》"上巳是清明",张元干《好事近》"上巳又逢寒食"等,这众多的诗文词句,都可以作为佐证,让我们看出从宋代开始,上巳节、寒食节、清明节三个节日或日期相同,或连在一起,节俗活动相互融合。

三个节日为什么会出现融合呢?这就要从寒食节、清明节的产生和发展说起。

与上巳节、清明节相比,有关寒食节的记载出现得最早。寒食节一般在冬至后一百零五日,其重要习俗是禁火、冷食,所以又称为"百五节""禁烟节""冷食节"。关于寒食节的由来,主要有两种说法:第一种,源于古代的钻木、求新火之制。在《周礼·秋官·司烜氏》中就有关于禁取火的信息②,其云"中春以木铎修火禁于国中"。第二种,据传寒食节是为了纪念春秋时期的晋国臣子介子

① 郝瑞瑞:《消逝的上巳节》,硕士学位论文,南京艺术学院,2017。

② 陈霞:《宋词折射出来的清明习俗》,《开封教育学院学报》2011年第1期。

推而产生的。晋国公子重耳,在外流亡十九年,介子推誓死跟随,在重耳身处困境时,不惜割股奉君,助其渡过难关。重耳返国继位后,未及时封赏介子推,介子推因此隐入山林。重耳到山中求见无果,听信他人之言放火烧山,想以此法请介子推出山。不料介子推宁死不从,以此表达自己忠君爱国、不图奖赏的气节,终葬身于火海。重耳懊恼悲痛,感念其忠臣之志,下令在介子推死去的这一天举国不能生火,要吃冷食,这才有了寒食节。这一种关于寒食节来源的说法明显出现得更晚,应是后人附会的。但这种做法,也增加了节日的人文内涵,推动了节日的传承和发展。

在汉魏六朝时期,寒食节还不是全民性的节日,主要流行于北方,节俗较为单调,仅有禁火和寒食。到南北朝时,节俗活动开始向娱乐性方向发展。南朝梁宗懔《荆楚岁时记》中提到寒食节的多个习俗,有挑菜、镂鸡子、斗鸡等。

到了唐代,统治者十分重视节日,因寒食节后便是清明节,二者紧紧相连,故寒食节往往连同清明节一起休假,假期最长可达七天[1],并规定寒食节禁火三天。

为巩固皇权,体现皇家至高无上的威严,唐代皇帝还会给近臣赏赐新火,《全唐诗》中收录了韩滉、史延等作的《清明日赐百僚新火诗》同题诗,诗词中,写出了普通百姓对皇帝赐火仪式的憧憬,表达了自己渴望被皇帝赏识、被朝廷重用的情感。赐火原是寒食之俗,而诗中提到皇帝是在清明节这一天赐新火,说明在这个时候,

[1] 张丑平:《上巳、寒食、清明节日民俗与文学研究》,硕士学位论文,南京师范大学,2006。

寒食、清明二节就已经逐步合一了。

也许正是受到上巳节招魂旧俗的影响，上坟祭祀祖先逐渐成为唐代寒食节的重要习俗。人们在上坟祭奠后，往往借机宴饮游玩，故当时盛行荡秋千、蹴鞠、斗鸡、镂鸡子、走马灯等一系列活动，将寒食节的游戏娱乐性质推向顶峰。为肃节日风气，唐玄宗不得不下令禁止人们在寒食节上坟时作乐。

南宋后期，寒食节才在南方普遍流行起来，担酒上坟以尽思时之敬仍是寒食节最重要的活动之一。但寒食祭祖的时间并没有严格规定，按宋代习俗，从冬至后的第一百零四天开始便有人担酒上坟祭祖了，此后一个月内，上坟祭祖者络绎不绝。

此外，宋代寒食节还有在家门口插柳的习俗，据《东京梦华录》卷七"清明节"记载"用面造枣䭅飞燕，柳条串之，插于门楣，谓之'子推燕'"，即用枣面做成饼，插在柳条上，称之为"子推燕"，以此纪念介子推。宋人认为，如果"子推燕"能放到明年，有治疗口疮的功效。[1]

清明节大概最早出现于周朝，《淮南子·天文训》中首次出现了关于清明节的描述，"加十五日指乙，则清明风至，音比仲吕"。汉代时，二十四节气被确立，这是古代中国人用聪明智慧凝结出的成果，是他们在长期的生产实践中，通过观察太阳周年运动，认知一年中时令、气候、物候等方面变化规律所形成的知识体系，用以指导农业生产，清明节被纳入其中。从这一节日开始，即代表着万物

[1] 徐吉军、方建新、方健、吕凤棠：《中国风俗通史·宋代卷》，上海文艺出版社，2001。

复苏，天气回暖，到了春耕时节。①唐代，在清明节中民众没有了上巳节水边祓禊的虔诚态度和纪念介子推的庄重心情，而是伴随着明媚的春光尽情玩耍，节日的娱乐性增强。宋以后的清明节也延续了唐代奠定的基础。宋代的清明节可以说是民间开展娱乐活动最集中的日子了，人们划龙舟、荡秋千、放风筝，尽情享受春天的煦日和风。《东京梦华录》卷七"清明节"记载："四野如市，往往就芳树之下，或园囿之间，罗列杯盘，互相劝酬，都城之歌儿舞女，遍满园亭，抵暮而归。"画家张择端用细腻入微的笔触生动再现了北宋全盛时期汴京清明节的热闹景象，成就了著名的传世之作——《清明上河图》。

上巳节、寒食节、清明节，三者在时间上非常接近，若按时间排序，应是寒食节、清明节、上巳节，有时由于节气的原因还极有可能相交。由于过节的人们在不同节日里有着同样的娱乐和情感需要，三者在节俗中互相渗透、影响，出现了越来越多的重叠。例如，三个节日都有上坟、踏青游玩、竞渡、插柳等活动，这也为三节的正式融合提供了可能、奠定了基础。

如今，在广袤的神州大地上，清明节已将上巳节、寒食节吸纳其中，作为重要的中国传统节日被传承了下来，我们在清明节可享有一天假期。说到这，也许你要问，清明节出现最晚，它是如何在三个节日中脱颖而出、逐步发展并最终做到一枝独秀的呢？最重要的一点，可能是因为清明节不仅是传统节日，而且被归入了二十四

---

① 马富科：《宋代寒食清明词研究》，硕士学位论文，西北大学，2020。

节气的体系之中。自古以来中国就是农耕国家，二十四节气对指导农业生产有十分重要的意义，因此不能轻易废除。其次，早期清明节娱乐性最强，较符合人们的精神文化需求。

传承千年的春日序曲

〔宋〕张择端
《清明上河图》（局部）

蓬勃新生：南方欢唱百花开

宋朝，经济中心的南移促进了岭南地区的经济发展，中原文化也较多地渗入岭南地区，使岭南地区人们的观念发生了一定的变化，生产方式的转变让少数民族亟须实现人口的增长，因此蕴含祓除不祥，求健康、求偶、求育古老文化内涵的上巳节更受到了人们的关注和欢迎。

相比中原地区，南方各民族百姓的性格更为热情奔放，较少受到礼教的约束，追求自由恋爱，与以爱情为重要主题的上巳节有着共同的精神追求和愿望。到宋代时，"程朱理学"在中原地区被大力推行，对女子有了诸多禁锢，上巳节地位下降，而在中南、西南地区，"程朱理学"对社会风气的影响没有那么大，因此将上巳节的文化更多地保留了下来。

元代，忽必烈完成了对全国的统一，更促进了南北之间、中原地区和民族地区的沟通交流，为上巳节与民族地区原有的文化交融提供了机会，于是各地各民族的"三月三"形成了独具当地民族文化特色的节俗，焕发出了新的光彩。

明清：歌传丹陆情意深

明朝和清朝是中国历史上最后的两个封建王朝。明清时期是中国社会转型的重要时期，对中国的政治、经济、文化、生活风气等方面都有着十分重要的影响。明代是中国传统岁时节日风俗的重要发展期，其主要特点是岁时节日风俗已开始从宗教迷信的笼罩中解脱出来，被赋予了许多新的形式和内容，全民参与的特征更加显著[1]；而清代是我国多民族统一国家的形成时期，特殊的时代、独特的历史背景，汉族文化与各少数民族文化进一步交融碰撞，使清朝时期的民风民俗变得更加多元化，也更加丰富起来。千百年来，"三月三"以其历史悠久、节俗活动精彩纷呈、文化内涵丰富而被世人津津乐道。那么，这个古老的节日在明清时期又发生了哪些变化、有什么新的发展呢？

---

[1] 陈宝良、王熹：《中国风俗通史·明代卷》，上海文艺出版社，2005。

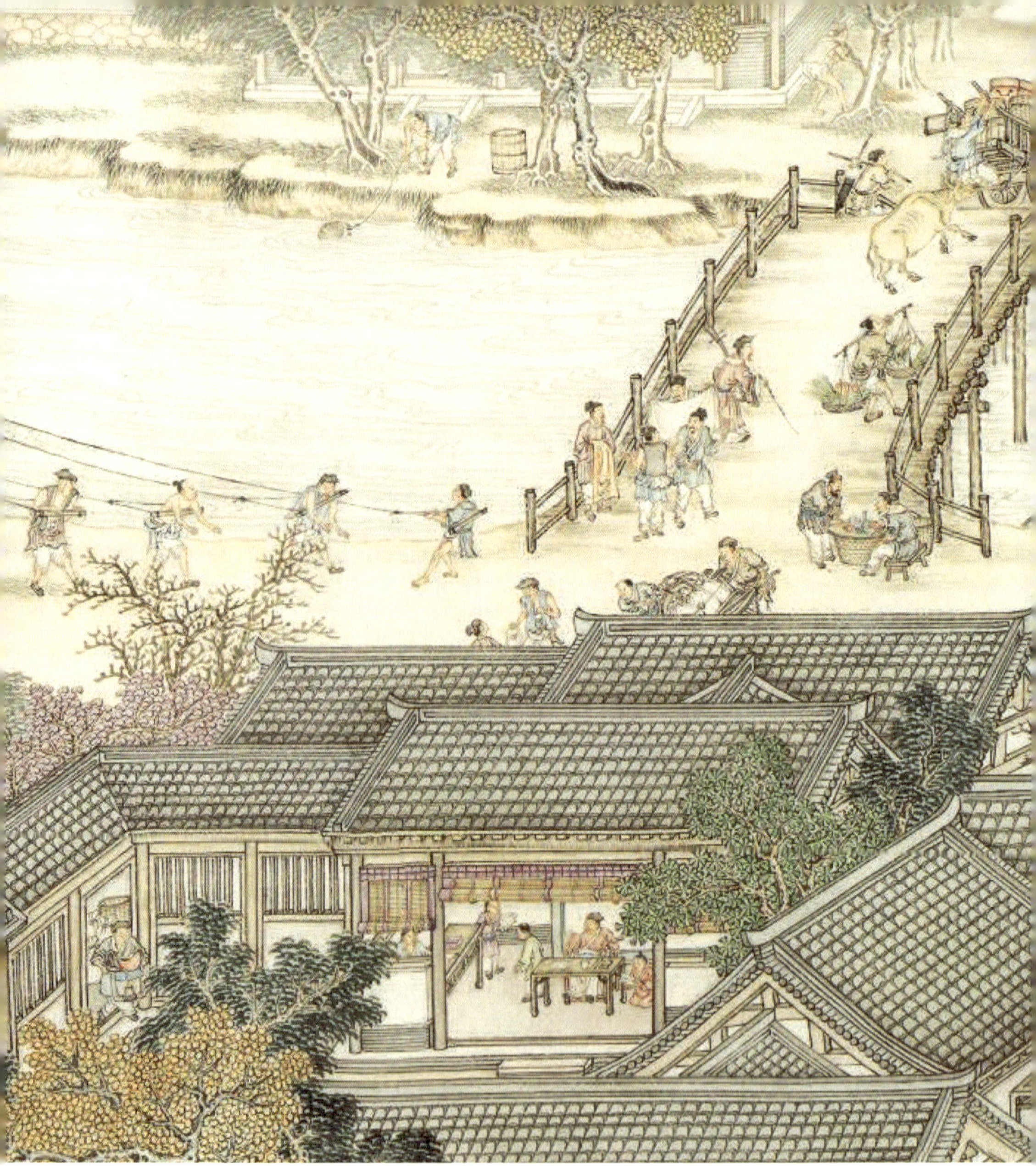

〔清〕杨大章
《仿宋院本金陵图卷》（局部）

寻踪觅影：古意悠悠儿女情

宋代之后，中原地区的上巳节逐渐式微。明清时期，在文献中已鲜少出现"上巳节"的提法，"水滨祓禊、曲水流觞"也不再盛行，而其招魂祭祀、踏青春游之旧俗却被清明节吸收，如明嘉靖湖南《常德府志》载"具牲醴扫墓，以竹悬纸而插之，谓之标坟"，描绘的就是清明时节人们扫墓祭祖，在坟头插竹挂纸以做标记的场面。嘉靖河南《尉氏县志》说清明日"或携酒游春，名曰踏青"，写的是人们在清明时节寄情山水、踏春游玩的习俗。明万历江苏《扬州府志》载："清明前后三五日，郡人士女靓容冶服，游集胜地，陆行踏青，舟行游湖，郡城、高宝皆然。"万历浙江《秀水县志》载清明时"妇人架秋千为戏"，则说明上巳节荡秋千、游船、竞渡等娱乐活动也被并入了清明节之中。

宋代以后，随着国家的发展，经济中心的南移，南北文化进一步交流交融，南方民族地区的"三月三"开始兴盛起来，成为百越民族共同的文化事项。[①]之所以说"三月三"与上巳节一脉相承，是其变形和发展，主要基于以下几点原因：

一是时间相同。《韩诗》所云："《溱洧》，说（悦）人也。郑国之俗，三月上巳之辰，于两水上招魂续魄，祓除不祥，故诗人愿与所说（悦）者俱往观也。"魏晋以来，上巳节便固定在农历三月初三举行活动。

[①] 黄泽：《西南民族节日文化》，云南大学出版社、云南人民出版社，2012。

二是地点相类。上巳节是亲水的节日,自古有水滨祓禊的习俗,西南民族地区的青年男女也多沿江河开展"三月三"活动。正如明代邝露在《赤雅》卷上提到的:"峒女于春秋时,布花果、笙箫于名山,五丝刺同心结、百纽鸳鸯囊,选峒中之少好者,伴峒官之女,名曰天姬队。余则三三五五,采芳拾翠于山椒水湄,歌唱为乐。男亦三五群(一本云三五成群)歌而赴之。相得,则唱和竟日,解衣结带,相赠以去。春歌正月初一、三月初三(一本云三月三日),秋歌中秋节。三月之歌,曰浪花歌。"这描写的是广西壮族男女"三月三"时在"山椒水湄"(山顶、水边)聚会作歌、倚歌择配的情景。

三是形式和内容大致相仿。上巳节有"会男女""曲水浮素卵""祭祀高禖"等习俗,是以求育求子为核心内容的男女欢会,而西南民族地区的"三月三"活动常有集体歌舞、男女对歌等活动,沿袭的就是"会男女"的习俗,壮族、仫佬族的"花婆"信仰和高禖祭祀一样,要通过敬奉生育神达到求子求育的目的。碰彩蛋等活动则不禁让人联想到简狄所吞的五彩斑斓的玄鸟之卵，与"曲水浮素卵"的旧俗如出一辙。舞龙、舞狮、龙舟竞渡、打磨秋、斗牛、斗鸡等娱乐活动也与上巳节的活动内容高度重合。①有理由相信，西南民族地区的"三月三"是由上巳节发展、转变而来的。我们惊喜地发现，上巳节像个老顽童，偷偷披上了"三月三"的新衣，听着欢歌，享着野趣，在西南地区惬意自由地生活着。

欢歌盛景：南国歌圩代代兴

西南地区的"三月三"活动，沿袭了上巳节求子、求育的核心内涵，保留了该节日的娱乐传统，还充分结合了各地的民族文化，延伸出了各具特色的主题和习俗特点，以百花齐放的姿态，给古老的上巳节注入了蓬勃生机。但在明清时期，规模最大、参与人数最多、影响最深远的"三月三"活动，当属广西地区的"三月三"歌圩。

清朝末年，武鸣壮族文人韦丰华创作的《廖江竹枝词》是研究广西歌圩文化的重要资料。该组诗共有十七首，以清词丽句生动而全面地描绘了当时广西歌圩的盛况。下面，我们选取其中的几首来细细品读。"春风酿暖雨初过，青满平畴绿满坡。试向黄林林外望，三三佳日好花多。"这一首说明了歌圩的日期为农历三月初三，春日美景让人沉醉不已，心情愉悦舒畅。"胙颁真武喜分将，食罢青精糯

① 潘其旭：《壮族歌圩研究》，广西人民出版社，1991。

米香。忽漫歌声风外起，家家儿女靓新装。"这一首则描写了在农历三月初三这天，家家儿女共享节日美食糯米饭，仔细打扮，以歌赴会的场景。"无因倾吐爱花情，挹颈联肩巧比声。唱到风流欢喜曲，娇娃春意一齐生。"这一首生动描绘了歌圩上男女对唱，慢慢增进了解，互生情愫的过程。"平林忽暮噪归鸦，蜂尚迷香蝶恋花。离曲唱来心绪乱，行行还止路三叉。"这一首写出了夜幕降临，大家却还情意缠绵、难舍难分的心情。总而言之，《廖江竹枝词》以极富韵律、朗朗上口的诗句，让我们对这场热情洋溢的民族文化盛会有了更深入直观的认识。

说到这，我们再来了解一下广西的歌圩文化是怎么形成的吧。

广西地区的民族多为古百越之西瓯、骆越部族的后裔，有以歌代言的风俗习惯，从战国至秦汉时期就盛行"越歌"，汉人刘向在《说苑》一书的《善说》篇中，记载了一首《越人歌》："今夕何夕兮？搴舟中流。今日何日兮？得与王子同舟。蒙羞被好兮，不訾诟耻。心几烦而不绝兮，得知王子。山有木兮木有枝，心悦君兮君不知。"歌中流露出了女性倾慕男子的爱意深情，这种对歌的形式也深刻地影响了后世。南宋周去非的《岭外代答》具体地记述了壮族婚嫁时，人们"迭相歌和"的盛况："岭南嫁女之夕，新人盛饰庙坐，女伴亦盛饰夹辅之。迭相歌和，含情凄惋，各致殷勤。"

尚歌、对歌的习俗与当地人民的生产生活方式有密切关系。广西多为喀斯特地貌，群山环绕，江河秀丽，风景旖旎，人们多依山

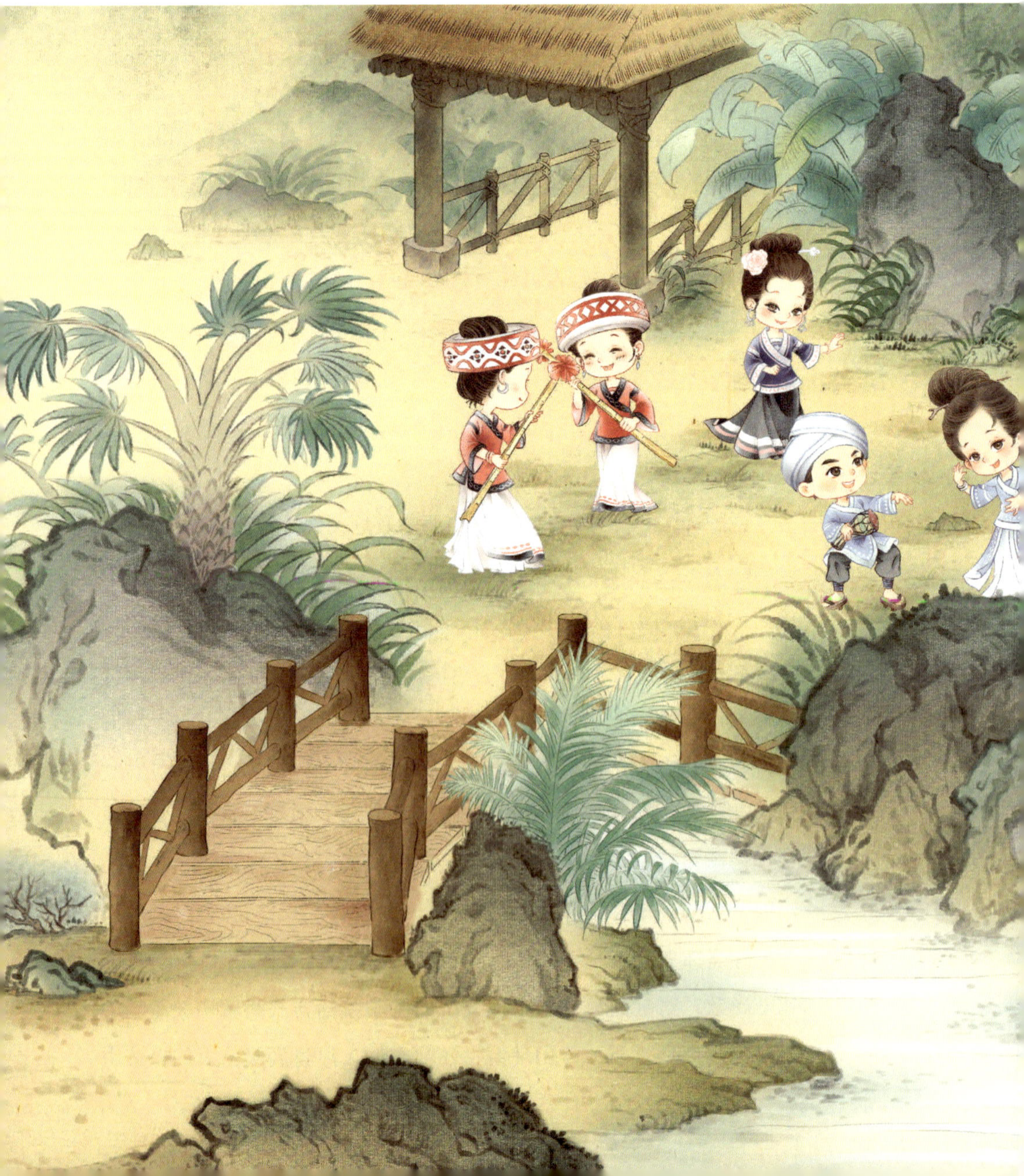

西南地区群众聚会作歌

傍水而居，与自然和谐相处。各民族百姓朴实直率、乐观向上，劳作之时喜欢用唱歌的方式缓解疲劳，打发孤单寂寞的时光，眼中的青山绿水、飞禽走兽无一不是他们创作的源泉。以景托情，抒发了自己充沛的情感，隔着山水唱和对答，更增加了趣味，让人兴趣盎然；闲暇时节，人们便聚于山水之畔，共享这美景，踏歌起舞，娱神娱人，以歌会友，顺便交换物品。随着历史的推进和时代的变迁，至明代，广西多地基本形成了相对固定的，以对歌、男女倚歌择配为主要内容的歌圩活动，并颇具规模。明嘉靖《南宁府志》"风俗"条记载，"男女歌答"为"远近村落及新附之州"的普遍现象，并称"以答歌踏青为媒妁"。明正德年间任柳州通判的桑悦所写的《记壮俗》诗中，也有"男女分行戏打球""清歌互答自成亲"的描述，生动地展示了歌圩活动上，男女以歌对答、对唱情歌、抛绣球表露心意，并以此进行婚配的热闹场面，也告诉了我们歌圩活动多在春日举行，兼具踏青游玩之趣。

  清代时出现了辑集各地民歌的高潮，原本口头流传的男女对歌逐步被辑录为书面的歌谣，成为明清时期歌圩文化繁荣发展的重要标志。清人李调元的《南粤笔记》卷一"粤俗好歌"一节详细说明了对歌现象的流行，他还在乾隆年间辑集《粤风》，该书将岭南各民族的传统歌谣采录辑集，采用汉字记音，详加注释，并附以精辟的题记，具体介绍了少数民族各类民歌的体裁及其功用，从而较好地保存了原歌的民族语言、音节格律、思想内容和风格特征，成为辑解少数民族歌谣的典范。[1]书中所记歌曲多为男女对唱的情歌，如以下译文："唱：鸟见鸟，相唤齐进巢；友遇情，十天话不了。大路多岔口，江河多弯道；日夜思恋情，见面疑心消。""答：鱼见鱼，深水同游漂；情遇友，细语把心表。想同年恩爱，何处去寻找？盼相会同行，我俩莫分道。"这首情歌将热恋中的男女比作相唤的鸟和同游的鱼，直抒胸臆，表达了对对方的思恋之情，情感热烈、奔放。《粤风》中的另一首歌译文如下："踏三山四溪，摘桃花一枝。李花一片白，桃花开遍地。满岭白皑皑，满坡红绯绯。男俊立山顶，女俏登花枝。像一对鸳鸯，情如梁山伯。似梁祝再世。"此歌生动地再现了清代的"三月三"盛景：春回大地，繁花似锦，遍地芬芳，男女盛装艳容，歌舞欢会，终觅良人，幸福美满，结双成对。

广西地区一年四季都有歌圩，尤以"三月三"最为盛大。清代诗人赵翼对德保歌圩曾作描写："春三二月圩场好，蛮女红妆趁圩嬲。长裙阔袖结束新，不睹弓鞋三寸脚。谁家年少来唱歌，不必与侬是中表。但看郎面似桃花，郎唱侬酬歌不了。"清代广西龙州文人黄敬椿也写有一首风土诗："木棉飞絮是圩期，柳暗花明任所之。男女行歌同入市，看谁慧舌制新词。"阳春三月，春风吹暖了人间，火红的木棉花、雪白的桐油花、红艳艳的杜鹃花、黄色的金银花开遍了原野，交相辉映，犹如一幅美丽的画卷，给人带来了很多歌唱的灵感，让人心驰神往，不由得沉醉其中，不自觉地去看、去听、去颂。

歌圩，其实也不仅仅是情歌的专场。除情歌外，歌圩上的歌还

[1] 潘其旭：《壮族歌圩研究》，广西人民出版社，1991。

可以分为劳动歌、时政歌、仪式歌、生活歌、儿歌等类型。除了谈情说爱，壮族人也通过这种浪漫诗意的歌咏形式，祈祷风调雨顺、获得丰收，以这种极富韵律美、容易记诵的方式，将民族文化口口相传。

到这里，上巳节在中国古代的整个发展脉络就基本理清了：从史前的神话传说里，我们看到了先人丰富的想象力和创造力；从秦汉时期祓禊祈吉的节俗中，我们读懂了中华儿女对国泰民安、多子多福的殷切希冀；从魏晋时期兰亭雅集的典故里，我们深刻理解了文人墨客对自由和平的追求和向往；从隋唐时期曲江宴饮的记载中，我们真切地感受到了传统节日的热闹和欢愉；从宋元明清的发展历程中，我们得知上巳节已融合了南方各民族的文化特色，转化为别具风情、内容丰富的"三月三"活动，以崭新的面孔重新影响着我们的生活、充实着我们的内心、团结起我们的力量、凝聚着我们的情感。

〔清〕周鲲
《升平万国图》（局部）

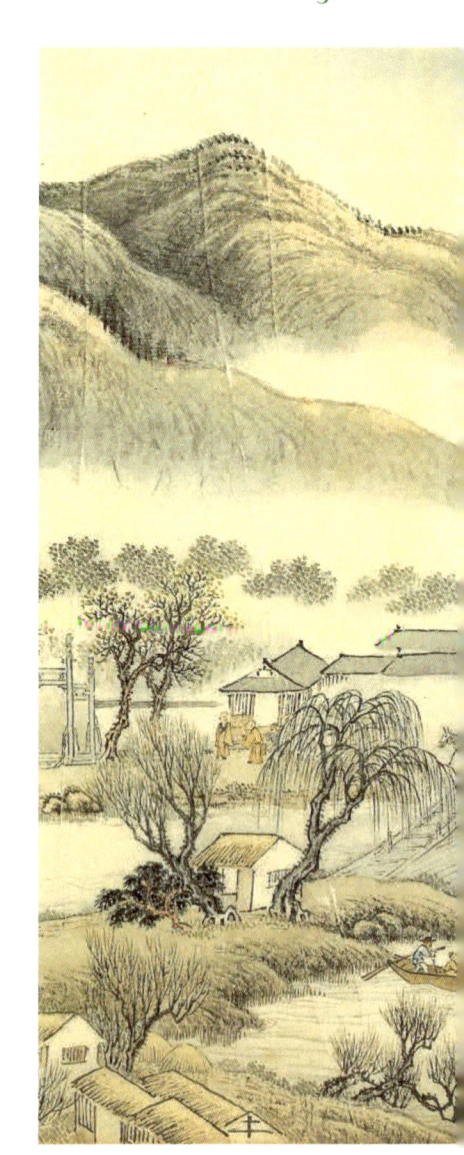

传承千年的
春日序曲

神州大地的春意春趣

中华传统文化里的『三月三』

"杨柳春风三月三,画桥芳草碧纤纤。""三月三"是属于春天的节日。它因春天而生,也因春天而存。春风春雨、春山春水、春花春草……最是人间春好处,我们歌唱春天、舞动春天、品尝春天、感念春天……用各种各样的方式来庆祝这个古老而富有浪漫气息的节日。

在这万物萌动的春日时光,我们欢庆"三月三",既是对春天的礼赞,也是中国人"以物为候"的岁时观、"天人合一"的自然观、人与自然和谐共生的发展观的浪漫表达。

作为中华民族共有共享的文化符号,"三月三"就像一首写在神州大地上的春日之诗。这首诗里绽放着自然之美,蕴藏着人文之趣,寄托着情感之纯,也凝聚着民族之智。现在,就让我们一起跨越山海,去追寻这首诗里跃动着的春之韵律。

广西：潮起八桂，壮美华章

隆重庄严的祭祖扫墓、精彩纷呈的歌圩对歌、色彩斑斓的五色糯米饭、传情达意的抛绣球、激情欢乐的抢花炮……这些都是关于广西"三月三"的关键词。"三月三"对于广西人民有多重要，每年法定的两天节假日就说明了一切。好了，在羡慕之余，还是让我们走进广西，去看看这里的"三月三"究竟是怎样的吧。

我们先来品尝一道食物，它就是广西"三月三"美食界的"顶流"——五色糯米饭。

五色糯米饭又称"花米饭"，是在广西沿袭已久的传统美食。历史上，广西人民蒸制五色糯米饭用来祭祀，有祈求人丁兴旺、五谷丰登的含义。五色在当地人看来是喜庆、吉祥的象征，不同的地区会出现不同颜色组合的五色糯米饭，但一般有白、红、紫、黑、黄、蓝色。

五色糯米饭最为特别的就是它的染料，全都来自大自然。白色不用染，就是糯米的原色。其中红色染料和紫色染料一般是用品种相同而叶的形态不同的红蓝草。

作为红色染料的红蓝草叶片稍圆，颜色为鲜艳欲滴的翠绿色，叶面的正反两面异常光滑，经脉清晰。作为紫色染料的红蓝草叶片较长，颜色呈深绿色，叶片的背面有一层薄薄的白色绒毛。这两种红蓝草放入锅中煮若干分钟以后，剥开茎上的外皮，红色染料的秆是血红色的，而紫色染料的秆没有任何变化。

黑色糯米饭主要由枫叶染成。给糯米染色所用的必须是叶面为翠绿色或者暗绿色的枫叶。李时珍《本草纲目》记述：枫叶"止泄益睡，强筋益气力，久服轻身长年"。

黄色染料不止一种。常用的是黄饭花和黄栀。黄饭花，俗称黄花，学名密蒙花，是一种生活在山坡、河边和丘陵地带的半阴生灌木，每年2—4月为花期，开淡紫色小花，当地人一般在花期采集，择净枝叶后晒干存放。黄栀，是一种常绿灌木，花期是5—6月，果实在11月成熟，成熟后的果实呈现橘红色便可以采摘下来作为染色材料。

蓝色染料需要自己配置。人们将糯稻的秆烧成灰烬，加水溶解成黑色溶液，倒入由红蓝草做成的紫色染料中，并使劲揉搓红蓝草，便制成蓝色染料。现在也有用蝶豆花制作蓝色染料的。

每当"三月三"之前，要做五色糯米饭的广西人都会提前采摘、准备好这些材料，用这些材料浸泡出红、黄、黑、紫、蓝等颜色的糯米。到了"三月三"，天还没亮，各家的主妇便纷纷起来，把泡好的五色糯米放入蒸笼里，先用大火烧开水，再用文火蒸。她们认真地操作每一个环节，将对家人的美好祝福都融入一颗颗晶莹的米粒中。

蒸好的五色糯米饭在常温情况下，可以放置多日且保持色香味俱全。广西人民创造出很多五色糯米饭的吃法，最常见的就是将其晒干，想吃的时候蒸一点，依旧可口如初；还可以放入油锅中煎炸，炸后外焦里嫩，非常美味；也可以加入舂碎的花生、芝麻、绿豆，一起搅拌后再食用，别有一番风味；另外还有一种比较独特的吃法，就是将五色糯米放入新鲜竹筒中，再将竹筒放在火上烤至竹筒裂开，饭香、天然植物淡香和竹子的清香融合在一起，爽口开胃。

除了自己食用，五色糯米饭的重要作用之一就是祭祖扫墓。关于这点，有一个温暖人心的故事：

从前，在一个小村庄里，生活着相依为命的母子俩。他们把一块较大的旱田用来种植玉米，另一块较小的水田种植糯稻。一年的收成交完粮税，仅够半年的口粮。可是，除了吃饭，家里还有别的开销，这些钱从何而来呢？他们只好全年都煮玉米粥混些野菜来吃，留下糯米拿上街去卖。所以，这个妈妈虽然一辈子都种糯稻，却从没吃过糯米饭。

有一年，妈妈得了重病，卧床不起。儿子想：妈妈还从没吃过糯米饭，应该做一次糯米饭给她吃，否则，万一她病逝了，就留下一生从没吃过糯米饭的遗憾，这怎么对得起她啊！

于是，他打算拿些糯米蒸给妈妈吃。结果，妈妈看到后，坚持不肯吃。她说："儿呀，糯米的价钱比玉米贵，我们就吃玉米吧，留下糯米，拿去街上卖，得用钱来买油、盐和布啊！我现在生病，也得用钱去买药呢！"

儿子完全理解妈妈的苦衷，但他还是希望妈妈能吃上一口糯米饭。最后，他绞尽脑汁，终于想出了一个好办法。

在农历三月初三，他上山去采来枫叶、红蓝草等几种植物，把它们捣碎，滤水用以浸泡糯米，然后蒸成红、黄、蓝、白、黑五种颜色的糯米饭。他哄妈妈说这些是人家送的。妈妈看见自家的糯米只有白色，眼前的糯米饭是彩色的，就相信了。

终于，妈妈尝到了糯米饭的滋味。儿子甚感欣喜，决定到明年的这个时候，再做一次五色糯米饭给妈妈吃。

然而一年过去了，妈妈的病还未好，仍然卧床不起。当儿子效仿上次那样，将蒸熟的五色糯米饭拿给妈妈吃的时候，妈妈竟然去世了。他悲痛万分、肝肠欲断，便用这五色糯米饭来祭奠妈妈。这天正是农历三月初三。

后来，每年的这一天，这个儿子都会做五色糯米饭，拿到妈妈坟前祭奠。附近的人看见他这样孝敬已逝的母亲，甚为感动，都向他学习，在"三月三"时蒸上五色糯米饭来祭奠先人。这种做法慢慢传播开来，年复一年，形成了"三月三"做五色糯米饭祭祖扫墓的习俗，并沿袭至今。

祭祖扫墓是广西"三月三"的习俗之一。"三月三"节日民俗兴起之初，其活动的主要内容就是祭祀性的。这种祭祀源于人们对先祖、自然的敬畏和感恩，以及对创造美好生活的期盼。中华民族是农耕民族，三月农忙前举行祭祀活动显得意蕴深厚又充满希望。比如武鸣地区的祭龙母、田阳地区的祭布洛陀、罗城地区的祭婆王等。

祭祖扫墓不仅寄托了人们对故去亲人的哀思，更是表达了对生命的礼敬。它彰显了一种血脉延续的责任，也传承了中华民族的文明薪火。

除了家族性的祭祖扫墓活动，近年来，人们还会在"三月三"自发前往烈士墓、烈士陵园等地缅怀英雄，回顾他们的感人事迹，学习他们勇于牺牲、甘于奉献的精神。

在这些祭祀对象中，最为人所熟知的就是"歌仙"刘三姐了。那么，人们为什么要在"三月三"祭祀刘三姐呢？

这就得说到广西"三月三"最热闹也最精彩的风俗——赶歌圩。

众所周知，广西有着"歌海"的美誉。自古以来，这里的人们就热爱唱歌，无论是平日的婚丧嫁娶，还是逢年过节的庆贺活动，大家都会集中在一起唱山歌，由此形成一种集体性、聚会性的歌唱活动，就是歌圩。歌圩的举办在各地都有固定的地点，时间主要是春季和秋季。春季的歌圩集中于三、四月间，其中"三月三"就是最具有代表性的歌圩之一。

歌圩的形成与刘三姐有着重要的关系。清陆次云《峒溪纤志》记载："诸溪峒初不知歌，善歌自三妹始也。"《浔州府志》记载："刘三妹，系汉刘晟之裔。夫尚义，以唐中宗时流寓浔州。三妹貌美如天仙，聪慧而善歌，通蛮语，闻风而来者，迭为唱和；或一日或二日，即罄腹结舌而返。有秀才张伟望者，慕而访焉，与唱歌三日夜不倦，乃相率登于山巅，连唱七日，声出金石，久之不见下山，村人登山视之，则皆化为石矣。"三妹就是刘三姐的原型。传说，聪慧机敏、歌如泉涌的刘三姐四处传歌，她每到一个地方，人们就向她学歌，由此聚集成"歌圩"。而"三月三"被认为是刘三姐成为歌仙的日子。所以每到这一天，四乡歌手都云集在一起祭拜刘三姐，并举行盛大的歌圩聚会。

除了纪念刘三姐，"三月三"歌圩还有一个重要功能就是"择偶"。

广西有种习俗叫"倚歌择配"，清屈大均《广东新语》卷十二"粤歌"条中记载："狼之俗，幼即习歌，男女皆倚歌自配。女及笄，纵之山野，少年从者且数十，以次而歌，视女歌意所答，而一人留，彼此相遗……约为夫妇，乃倩媒以苏木染槟榔定之。"清朝《广西通志》记载："宾州……男女未婚嫁者，以歌诗相应和，自择配偶……""永淳僮（壮）人……子取妇则别口，倚歌择配，意合者遗女以扁担，镌歌数首，间以金彩，沐以漆，女赠男以绣囊锦带。"

可见，歌圩自古就有缔结婚姻的功能。历来热爱唱歌的广西人，

歌圩对歌

歌圩对歌一般有几个步骤：

开场，歌手为了引起多方的注意，即兴演唱一些与歌圩相关的山歌。歌手见面后，在相互问候或者互通姓名和住址的时候，会相互谦让赞美并演唱"见面歌"；如果想与对方正式对歌，就演唱"求歌"；如果被邀请人对求歌者满意，就以"和歌"开始唱答；当双方想进一步增进了解与感情，会以"盘歌"对唱问答，考察对方的聪明才智；若男女双方已经相互爱慕，彼此倾心，会演唱"相交歌"抒发内心感情，表达心意；当彼此到了确定关系、缔结姻缘的阶段，就会唱"信歌"并互赠信物；两人在定情之后，再次相见时会演唱表达内心思念的"思歌"；在对歌将要结束的时候，男女双方难分难舍，就要唱"离别歌"；最后，双方会唱"约歌"，约定下次歌圩再见面。

也善于通过唱歌表达自我，因此形成了一种大家共同的心理特征、特殊的生活美学观念，即认为歌在生活中具有极大的作用。所以，赶歌圩、对歌成为广西人"三月三"寻找情投意合的伴侣的重要手段。

在对歌之余，人们有时候还会辅以一些娱乐活动来愉悦身心，加深情感。比如河池地区的巴马瑶族自治县、都安瑶族自治县等地会通过碰蛋来择偶，靖西地区的姑娘还会通过抛绣球来传情……

碰蛋又叫"碰彩蛋"。每逢"三月三"，广西红水河流域的巴马瑶族自治县、都安瑶族自治县、凤山县、马山县一带，家家户户会将鸡蛋煮熟，染成红、黄、紫等各种颜色，以示吉利。赶歌圩时，大家或用簸箕盛着彩蛋，或将彩蛋用稻草捆扎成串。青年男女在互相对歌中进行接触，彼此认识以后，便挑选适当时机相邀举行碰蛋游戏，以此来卜测双方的姻缘情分，这是"卵卜婚姻"的具体体现之一。

游戏开始时，男女双方各握一个彩蛋，仅仅露出彩蛋的尖头来相互碰撞。若双方的彩蛋同时碰破，则被认为这两人是命运相连的，适合婚配。因此，赶歌圩时只要一方有意，便会拿着手中的彩蛋去碰对方手中的彩蛋。如果对方也有情，且彩蛋碰破，两人便可将彩蛋互赠共尝，以此表示结为知己，在旁的群众也会为他们祝福，之后这对男女便双双走到幽静处，谈情说爱。但是如果一方无意，那么，他或她就会把蛋用手紧紧护住，不让对方去碰破，这样表示两人没有缘分。

在"碰蛋结亲"的风俗中,蛋成了人们爱情的媒介和游戏娱乐的工具,这既是中华民族原始卵崇拜的体现,也是人们赋予鸡蛋情趣美、生活美和文化美的象征。

绣球是男女之间传情达意的重要信物之一。"三月三"节日前,姑娘用五彩线在各色布上绣上鱼、虫、花、鸟等图案,之后在布里面包上棉花、豆类等各种谷物,缝合成一个个圆形或多角形的绣球,并缀上绣有花边的彩带,准备作投掷之用。

节日当天的歌圩上,每当对歌达到高潮,姑娘们就会情不自禁地将绣球抛向自己中意的小伙子。小伙子接住绣球欣赏一番姑娘的手艺后,又会把绣球向姑娘抛回去。经过多次有来有往地抛(接)绣球,如果小伙子看上了这位姑娘,最终就会在绣球上系上自己带来的礼物,抛回赠给姑娘。若是姑娘收下了小伙子赠与的礼物,就表示她愿意接受小伙子的追求。在绣球飞舞、笑声朗朗的热闹环境中,彼此相中的姑娘、小伙子便离开了他们的伙伴,到僻静的地方幽会谈心,加深了解。

绣球传情具有非常浓郁的农耕文化特点,正是基于人们将农作物的选种、播种、扬花、成熟,与人类的择偶、孕育、出生、成长相结合,所以才会在"三月三",用彩色布囊包裹着作物种子抛接互赠。

绣球在今天已成为十分具有广西特色的文化符号,在人们的心

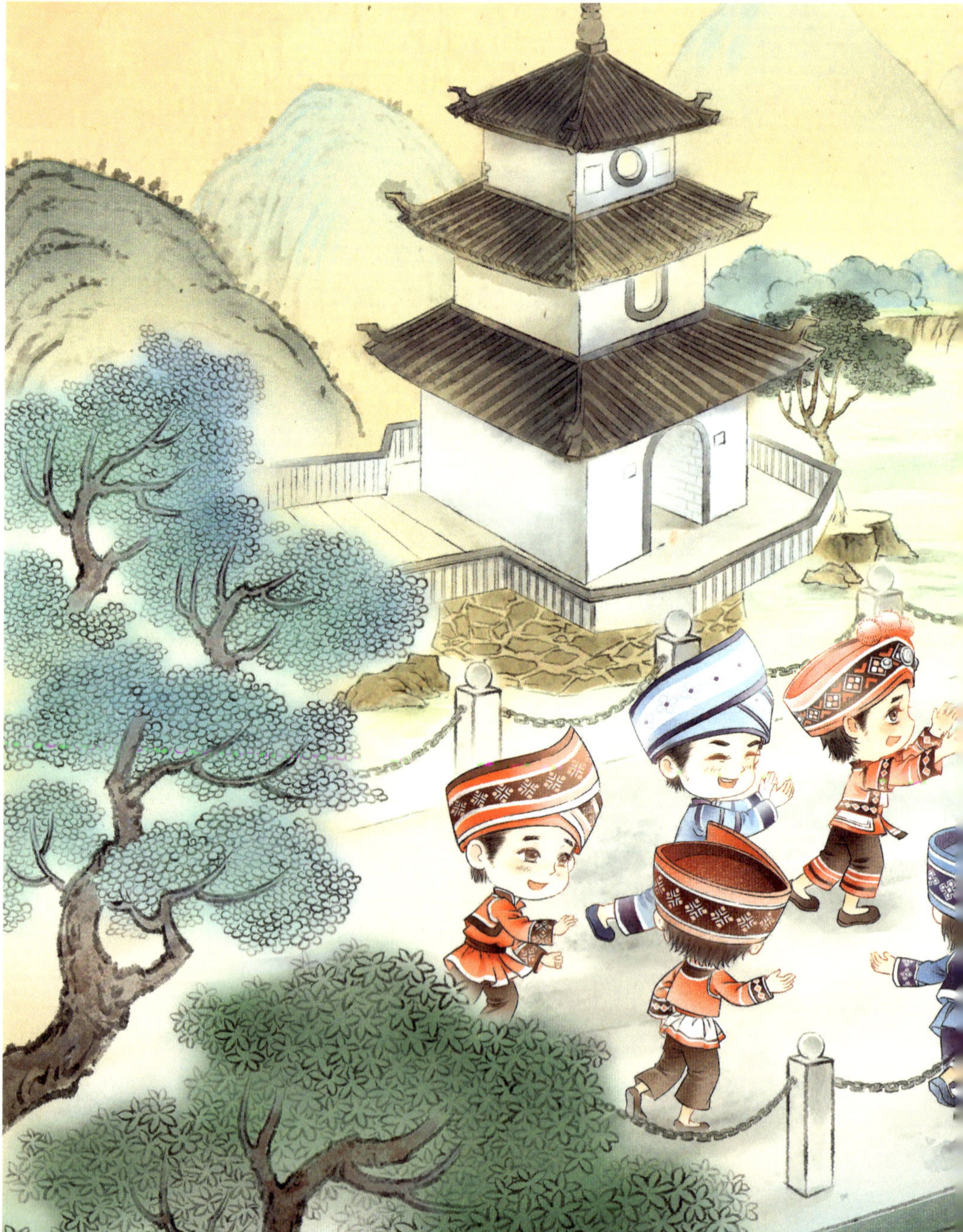

绣球传情

目中兼具美好吉祥的寓意。同时，抛绣球还逐渐演变成了一项体育竞技项目，最常见的就是高杆绣球和背篓绣球。高杆绣球由参与者将绣球抛入高杆上的圆圈内。背篓绣球则需要两人进行，由一方将绣球投掷进另一方身后的背篓内。在"三月三"以及其他节日期间，广西各地都可见到人们参与这些精彩、激烈又充满乐趣的活动。

当然，广西"三月三"与体育竞技的关系远不止于此。在许多地方，"三月三"期间还会上演"抢花炮"大赛。其中较为有名的是三江侗族自治县富禄苗族乡的"花炮节"。

柳州市三江侗族自治县富禄苗族乡曾是黔、桂两省区交界的商业贸易中心，相传当地的商人为了生意兴隆，在每年农历三月初三燃放花炮以招揽顾客，由此形成了"三月三"抢花炮的风俗。①

花炮是个直径约六厘米、外缠彩绸的铁环，被放在装了火药的送炮器上。

① 杨芝干、王启友、何昌华：《侗族"三月三"》，《中华民居》2022年第2期。

神州大地的
春意春趣

抢花炮，勇敢者的运动

点燃火药后，铁环被轰到场地上空，当铁环坠下时，由两队的队员迅速抢夺，最先把铁环送到得胜门的，即为胜者。胜者将得到花炮台、红猪、米酒等物质奖励。比赛一般分为三场，每场放一炮，头炮象征"吉祥如意"，二炮象征"风调雨顺"，三炮象征"五谷丰登"等。所以大家都认为，谁抢到花炮，谁在这一年里就会人财两旺、好运连连。

你争我抢、前仆后继、奋勇当先，这是一场力量和智慧的较量。如果能够身临其境，"花炮节"的壮观场面一定会让你感到震撼，使你深深感受到当地人的果敢与执着、团结与热爱。

如"三月三"这般的传统节庆不仅需要深扎传统土壤，也需要厚植新生土壤，来推动中华儿女对自然与生命最生动的理解和传承。

1983 年，广西壮族自治区人民政府决定，将每年的农历三月初三定为壮族的歌节，并于 4 月 16 日在南宁举办"三月三"歌节活动，"三月三"正式成为广西壮族自治区人民政府确定并主办的民族传统节庆，同时，也拉开了广西人民共庆"三月三"、共享各民族优秀文化活动的序幕。2014 年，广西壮族自治区人民政府依据国务院《全国年节及纪念日放假办法》，制定了《广西壮族自治区少数民族习惯节日放假办法》，规定"三月三"是广西壮族自治区少数民族习惯节日，广西壮族自治区全体公民放假两天。由此，"三月三"正式成为广西各民族群众的法定节假日。

近几年，每到"三月三"，"世界那么大，只有广西在放假"这句话都会成为网络流行语。当然，为了大力弘扬"三月三"这一优秀传统文化，仅仅只是放假，显然是不够的。多年来，广西不断给"三月三"注入时代活力，将它打造成一个集民族文化、群众体育、风情旅游、特色消费于一体的文化盛会，使其更加充满生机、充满魅力。最引人关注的，就是对"三月三"民歌文化的挖掘与创新。

1999 年，600 多名来自广西各高校的"刘三姐"与摇滚女歌手共同演绎了一曲《山歌好比春江水》，这是首届南宁国际民歌艺术节上的场景。这气势如虹、激情洋溢的一幕是中国民歌新唱史上的经典，也是许多人挥之不去的民歌回忆。说到南宁国际民歌艺术节，其实它与"三月三"有着极深的渊源。

时间的指针拨回到 1985 年 4 月，广西首届"三月三"音乐舞蹈节在南宁与"三月三"歌节同期举行，交相辉映。1991 年至 1998 年，广西"三月三"音乐舞蹈节改名为广西国际民歌节。从 1999 年起，广西国际民歌节正式更名为南宁国际民歌艺术节，举办时间由每年春季改为每年 9—11 月。虽然举办时间变了，但是南宁国际民歌艺术节依然坚守"三月三"歌节的精神内核，致力于挖掘、保护、传承广西民歌文化，成为展示民歌经典、原创新歌，弘扬中华优秀传统文化的民歌盛会。

万众期待中，2023 年，第 24 届南宁国际民歌艺术节带着传承和创新两扇翅膀又重新回归到了"三月三"。在此期间，民歌路演、

《新民歌大会》、"潮音·2023新民歌挑战赛"等活动秉持创新理念，聚焦新民歌，力求给大家带来一种全新的体验、美的享受。

民歌路演活动沿南宁市民族大道打造了"民歌一条街"，在三街两巷、金湖广场、万象城三个核心区域，分别打造"古风雅集""时尚潮玩""繁花似锦"三大板块，主打民歌主题系列文化街区，组织广西各地民歌手、邀请全国知名乐队开展民歌路演活动，生动展现"三月三"首府南宁"城市歌圩"的盛况和广西儿女奋进新时代的精神面貌。

《新民歌大会》节目是全国首档大型新民歌实景创演秀，创演了10首潮音新民歌：将花腔与壮族过山腔结合起来，全新演绎的壮语民歌《星星伴月亮》；将雷鬼音乐和广西民乐巧妙融合，创作出了童趣十足的电音新民歌《挖哩哩》；经典金曲《南海姑娘》融入拉丁元素，让歌曲有了全新的格调和质感，呈现出更广阔的审美意境；把时下流行的说唱元素融进《赶圩归来啊哩哩》进行展现，并加入了"啵咧"这种极具民族特色的器乐；邀请青年男高音歌唱家在乐业大石围天坑之间唱响《Time To Say Goodbye+茉莉花》，以中西合璧的形式展现民歌共通的魅力……

《新民歌大会》一上线就迅速引发关注，这种传统与时尚结合的新民歌在年轻群体中引起共鸣，并通过他们的传播力和影响力，营造出"三月三"线上狂欢的氛围。

"潮音·2023新民歌挑战赛"同样掀起新民歌潮改、传唱热潮。

挑战赛以选拔优秀新民歌音乐作品和新民歌演唱创作人才为目的，搭建新民歌交流与切磋的舞台，聚焦新时代、新征程、新生活，弘扬民族团结和谐、积极向上的主旋律。挑战赛吸引了1516组民歌爱好者积极参与，共收集到原生态山歌、原创类新民歌、翻唱类新民歌、改编创作类新民歌等作品1608件，其中包括72件海外参赛作品，分别来自印度尼西亚、尼泊尔、美国、菲律宾、老挝、柬埔寨、越南、泰国、马来西亚等国家。"潮音·2023新民歌挑战赛"搭建了民族文化交融、中外文明互鉴的舞台。

本次挑战赛涌现出了一批运用广西民族元素结合现代流行音乐技法的原创新民歌。《何须百鸟衣》的词曲主创团队，将壮族地区广泛流传的民间传说进行改编，谱写了一曲爱情主题新民歌；《柳利花》将环江毛南族自治县本地民歌《柳啷咧》的韵律与当地长美乡民歌的旋律相结合，创作出动感时尚又极具民族气息的原创民歌；《回乡》是宾阳童谣和露圩山歌的结合，唱出了对家乡的深深眷恋，创作者赵羽一直坚持民歌与流行融合的音乐风格，曾到广西各地采集到1000多首山歌，在创作中用原生态的底蕴，谱写新民歌的旋律……

一首首新民歌就像是"三月三"的一次次时代感怀，这些歌里有弦歌不断的文化咏唱，有坚韧不屈的精神赞歌，有锲而不舍的集体吟诵，有矢志不渝的家国共鸣。新民歌给"三月三"的传承注入了生机，给"三月三"的发展注入了动力。

此外，广西不断拓宽"三月三"的内涵和外延，力求将"三月三"打造成极具代表性的民族节庆品牌、文化旅游品牌。2015 年，广西壮族自治区人民政府下发了《广西壮族自治区人民政府关于促进旅游业改革发展的实施意见》，要求挖掘和整合广西丰富的历史、民俗、民族、民间文化资源，将"三月三"打造成广西旅游民族节庆活动品牌。在 2017 年政府工作报告中，自治区政府又明确提出将"壮族三月三"打造成"八桂嘉年华"。2017 年 2 月 28 日，广西壮族自治区"壮族三月三·八桂嘉年华"联席会议办公室公布了节日徽标和主题歌曲《广西尼的呀》。"壮族三月三·八桂嘉年华"这一节庆文化品牌正式确立。

从 2018 年开始，"壮族三月三·八桂嘉年华"活动内容基本被固定为五大板块："壮族三月三·桂风壮韵浓"系列文化活动、"壮族三月三·民族体育炫"系列体育活动、"壮族三月三·相约游广西"系列旅游活动、"壮族三月三·e 网喜乐购"系列商贸活动和"壮族三月三·和谐在八桂"系列活动。那么，这五大板块分别有什么内容呢？

"壮族三月三·桂风壮韵浓"板块主要以展示广西各民族多元一体的优秀传统文化为主，同时呈现全国其他地区、民族甚至其他国家的优秀文化。比如，2019 年举办的"民族舞台三月三"优秀剧目展，不仅上演了壮剧《百色起义》《牵云崖》，还举办了集彩调、桂剧和京剧等多个剧种于一体的折子戏专场；2019 年举办的"踏歌起舞三月三"——西南省区市传统音乐舞蹈类非物质文化遗产代表性项目展演活动,展演了西南地区多个民族的非遗项目,如壮族天琴艺术、京族独弦琴艺术、瑶族猴鼓舞、黎族民歌(琼中黎族民歌)、土家族摆手舞(酉阳摆手舞)、多声部民歌(羌族多声部民歌)、彝族烟盒舞、弦子舞(芒康弦子舞)、蒙古族安代舞等;2023年举办的中国—东盟(南宁)非物质文化遗产周等活动,邀约陕西、甘肃、宁夏、内蒙古等省区,以及越南、泰国、缅甸等东盟国家的文化项目和相关人员来广西参加文化交流、展示。

"壮族三月三·民族体育炫"板块侧重于全面挖掘和展示广西乃至全国各民族传统体育及现代体育项目。比如,2019年"三月三"期间,在南宁市主会场、北京市及广西93个县(市、区)的分会场共开展民族体育活动591项。其中包括丰富多彩的民族传统体育,如竹竿舞、板鞋竞速、高杆抛绣球、背篓绣球、抢花炮、独竹漂、爬竹竿、舞龙、舞狮、民族武术、旱地龙舟、打陀螺、滚铁环、碰彩蛋、太极拳、八段锦、顶竹杠、斗鸡、拔河、象棋等;在综合展现民族传统体育的同时,还充分展示了众多现代体育项目,如各种球类、健美操、啦啦操、广场舞、交谊舞、拉丁舞、摩登舞、曳步舞、轮滑、卡丁车、攀岩、竞技钓鱼等。

"壮族三月三·相约游广西"板块以推介、展示覆盖广西全境的"三月三"文化旅游品牌为主要内容。比如,2022年广西壮族自治区文化和旅游厅推出《壮乡春正好 潮起三月三》文化旅游主题宣传片，发起"在你心里红　才是真网红——晒出你心目中的三月三网红打卡地"微博话题大赛等，向世界展示不一样的广西之美；同时还和广西日报—广西云联合推出广西首部文旅微综艺《趣广西打工！怦然心动的 offer》文旅微综艺节目，反响强烈，引发热议。又如，2023 年广西壮族自治区文化和旅游厅组织区内旅游景区、旅行社相关人员赴广东省、湖北省、重庆市等区外重要客源地，以及泰国、菲律宾、新加坡等广西重要入境旅游客源市场，开展"潮玩三月三"推广活动；并举办广西民族文化旅游推广季活动，重点推出"胜日寻芳·山海春相约""八桂踏歌·最炫民族风"等主题精品线路，推动《壮乡春正好　潮起三月三》文化旅游主题宣传片在全网热播，发起"我是山水体验官"金牌导游直播带货 PK 赛等。

　　"壮族三月三·e 网喜乐购"板块全力打造国际电商节，旨在通过网络平台，促销广西特产，塑造广西品牌。该活动于 2016 年首次举办就取得了一定的成绩。随后 2017 年广西开展"八桂名品·e 网打尽"活动，选定北海旅游、北海珍珠、南宁水牛奶、横县（今横州市）大粽、柳州螺蛳粉、桂林罗汉果、梧州六堡茶、钦州坭兴陶、防城港金花茶、凭祥红木 10 个特色产品进行专题推介。2023 年，广西推出了"平台联动·e 网乐购""主播助桂·带货广西""数商兴农·产业赋能""丝路电商·全球畅购""产销对接·区域联动"等五大板块 20 场活动，组织千家以上企业、万名以上主播参与，借助文旅搭台，唱好经济大戏。

"壮族三月三·和谐在八桂"板块则充分体现了广西作为全国民族团结进步示范区的职责和担当。该板块主要通过举办各类线上线下活动，大力宣传广西民族团结进步事业成就，讲述各族群众互帮互助、中华民族一家亲的故事，铸牢中华民族共同体意识。比如，2022年在南宁市举行了"建设铸牢中华民族共同体意识示范区'四个家园'系列活动——'喜迎二十大　奋进新征程'2022年桂黔滇湘乡村振兴山歌擂台赛"，参与者纷纷使出看家本领，唱出民族团结"同心圆"。2023年安排了"中华一家亲——桂台各民族欢度'壮族三月三'"等活动，举办了"民族团结我同行　各族师生一家亲"宣传教育活动、"携手同心·奋进新征程"第五届"三月三"网络短视频大赛、"壮族三月三·法治在八桂"系列法治宣传等，积极推动各民族像石榴籽一样紧紧抱在一起。

这五大板块包含了广西各民族优秀传统文化展示、民族传统体育竞技、旅游景点推介、名优特产的线上线下营销以及铸牢中华民族共同体意识等重要内容，体现了"壮族三月三·八桂嘉年华"这一节庆文化品牌历史感与时代感、民族性与开放性的结合，是传统节日实现创造性转化、创新性发展的范本。

2023年，广西以"潮起三月三　奋进新时代"为主题，对"三月三"活动做了进一步的创新和调整。除了以上五大板块，广西还举办了全国首档大型新民歌实景创演秀《新民歌大会》、"潮音·2023新民歌挑战赛"、"潮起三月三·丝路共交响"中国—东盟经典民歌交响音乐会等重点活动，以及超过1000场的基层群众"三月三"活动。一个月内活动全网点击量突破53亿次。广西以山水为舞台、生活为秀场，喜迎八方宾朋，尽展壮美广西，使"三月三"真正成为全民共享、共庆、共乐的节日。

来到2023年"壮族三月三·八桂嘉年华"主会场，开幕式共分为"古风雅集""时尚潮玩""民族团结"3个单元。其中，"古风雅集"单元让宾客沉浸其中，能和"古人"对话，能在"异国"街头巡游，能品尝广西各地美食，还能参加传统壮族婚礼并和各族群众一起牵手共跳连心舞……

"古风雅集"单元用一种最浪漫的方式，展现"三月三"深厚的文化底蕴。在山水之间，深度还原了上巳节的水边祓禊、魏晋的曲水流觞、唐代的丽人游春等活动，让宾客亲身体验一场中国传统文化的"穿越之旅"。

在"时尚潮玩"单元，身着东盟各国传统服饰的舞者用热情奔放的舞蹈迎接宾客的到来，印度尼西亚的海王神舞、泰国的敬礼舞、缅甸的傀儡舞、越南的斗笠舞、文莱的星月传说……不同国度、不同民族的舞蹈汇聚"嘉年华"，展示着不同文明交融互鉴的生动画面。此外，这一单元的"潮游小站"以创新形式展现了多条广西春夏游文旅精品路线；"潮"好逛主题展区集中展示了广西各地的优秀文化旅游创意产品；露营休闲生活体验区营造了露营元素与广西传统茶文化、饮食文化、咖啡文化相结合的时尚场景……

再看"民族团结"单元,一场热闹的壮族传统婚礼仪式在这里举行。在欢快的壮族《出嫁歌》中,一对新人带领宾客走进一场民族风情浓郁的盛宴。200多名各族歌手组成山歌方阵,他们举起手中的绣球,在连心树下唱起节奏明快的山歌,用歌声表达热情的欢迎,抒发无尽的欢欣。这一单元有广西歌圩文化的展示,有台湾同胞带来的舞蹈表演,还有集中展现广西"那"文化的那里市集……各族群众在这里像一家人一样亲密无间,共同欢庆,尽情享受。①

这一场场丰富多彩的民族文化盛宴,如同一幅幅魅力非凡的民族风情画卷,也是对铸牢中华民族共同体意识的一次次生动诠释。如今,广西"三月三"已经成为各民族大团结、大联欢、大发展的文化盛会。每年"三月三"期间,八桂大地化作歌的海洋、舞的世界,歌舞升平,处处欢腾,人们尽情挥洒心中的喜悦欢乐,纵情歌唱生活的幸福甜蜜,深情表达爱党爱国的火热情怀。壮族嘹歌、苗族飞歌、侗族琵琶歌、京族哈歌、仫佬族古歌、毛南族迎客歌……各族山歌在空中飘荡,龙狮献瑞、铜鼓祈福、芦笙踩堂、竹竿欢舞、绣球传情……各种印记鲜明的民间艺术在这里展示,民族服饰、特色美食、手工技艺、体育竞技等各族人民不断交往交流交融所创造的文化符号也都一展风采。广西"三月三"通过推动各民族文化的传承、保护和交融,加深了各族儿女对中华文化的认同,成为构筑中华民族共有精神家园的一个优秀范例。

春意盎然,情意绵长,歌海泛舟,文化荟萃,这就是广西的

---

① 孙鹏远、何明华、罗婧等:《潮起三月三 春从广西来——"壮族三月三·八桂嘉年华"主会场开幕式活动侧记》,《广西日报》2023年4月23日。

"三月三"。它像是一次相约春天的浪漫聚会，一次传统文化的集中绽放，一次民族团结的同心合唱，一次壮美广西的时代表达。它更像是一场过去与现在的对话。如果要问，如何通过大众喜闻乐见的活动形式，有效传承传统文化、增进文化认同、增强文化自信，构筑中华民族共有精神家园，那么答案就在这场对话之中。

浙江：畲歌嘹亮，欢乐共享

民以食为天，中华民族的传统节日都离不开美食的陪伴，"三月三"也不例外。在浙江南部，畲族群众的"三月三"就与一道美食有着非常密切的关系，那就是乌饭。所以，当地人也把"三月三"叫作"乌饭节"。

乌饭古称青精饭，早在唐代大诗人杜甫的诗里就有记载："岂无青精饭，使我颜色好。"唐宋八大家之一的苏辙也有诗云："梦追赤松游，食我青精饭。"

乌饭是用乌稔叶捣烂后挤出汁或熬出汤，再将糯米泡在汤汁里染色后放到木甑里蒸制而成。蒸熟后的乌饭色泽乌黑发蓝，油光锃亮，吃起来更是软糯筋道，满口沁香。

那么，畲族人为什么要在"三月三"吃乌饭呢？当地流传着许多不同的说法。除了大家已经读到过的蓝天凤的故事，还有位英雄雷万兴似乎也与此有关，下面这个故事便是传说之一。

传说，唐朝时期，雷万兴率领畲族人民抗击官兵，被围困在大山里，粮食断绝，差点就要被饿死了。幸运的是，他们发现了漫山遍野的乌稔树的果实，便以此充饥。吃了乌稔果后，大家恢复了元气，并渐渐士气大增，最终顽强抵抗，取得了胜利。

雷万兴回到军营后，每每想起那场战事，连鸡鸭鱼肉都感到乏味。一年三月初三，他想吃乌稔果了，便吩咐兵卒出营去采摘。但因时值春天，果树尚未开花，兵卒只带了些乌稔树叶子回来。于是，大家突发奇想，将乌稔树叶子和糯米一起炊煮，结果，制成的乌饭不但味道极好，还能强身健体，很受欢迎。于是，人们便开始在"三月三"蒸乌饭，世代相传衍成风俗。

无论是蓝天凤还是雷万兴的故事，都体现了中华民族历来崇尚英雄、敬重英雄的优良传统。除了将英雄与乌饭这一节日美食相联系，在许多文献中还记载了畲族乌饭与祭祖的关系。

清康熙年间的《和平县志·风俗》中记道："以枫叶造乌饭，即宝奠，所谓青精饭是也，以之祭墓。"道光年间的《长乐县志·风俗》中有"以枫叶染糯米蒸饭作团，谓之乌饭……谒墓日踏青、挂纸钱、以乌饭祭"。《畲族简史》中的《畲族的文化和社会习俗》记载："此外，也有一些本民族的节日，如三月三日染乌饭祀祖先……亦有乌饭乃于三月三日取柴汁和米蒸之，相传其祖盘瓠喜吃此饭也。"[1]

在当地人看来，乌饭还具有一定的"魔力"，吃了可以消灾避难，强身健体。其中最广为人知的说法，就是吃了乌饭，上山下地不怕虫蚁叮咬。

当然，无论哪种说法，乌饭作为由谷物直接加工而成的美食，在"三月三"这样重要的节日食用它，其原因必然离不开中华先民

[1]《畲族简史》编写组：《畲族简史》，福建人民出版社，1980。

对农作物的崇拜。这是中国古代祈丰仪式的一种延续，是中国作为农耕文明国家的重要文化特征，也是"三月三"作为农事节日的重要体现。

吃乌饭不是畲族"三月三"的唯一主题，对于热爱唱山歌的当地人来说，遇到"三月三"这样重要的节日，也是要一次唱个够、唱个爽。关于"三月三"对歌，也流传着一个美丽的爱情故事：

古时候，有一个小伙子，名叫雷日新。有一年的"三月三"，他来到畲族人居住地东西岩一带和畲族姑娘对歌。这一对，他就把东西岩一带最美貌的畲族姑娘蓝月华给对上了。两个年轻人在山上对歌对了一天一夜，如痴如狂。

第二天，雷日新就来到蓝月华家中提亲。但是蓝月华的父母想再考验考验他。于是，第二年、第三年、第四年的"三月三"，雷日新都到东西岩顶唱歌。歌声吸引了东西岩四周村寨的乡亲，大家纷纷来听他们对歌，从歌声中感受两个杰出的年轻歌手的爱情。

从那以后，为了纪念这对追求真挚爱情的男女，畲族人就把每年的"三月三"定为山歌节，一直延续到今天。

"三月三"的畲族地区，宛如一片歌的海洋。一对对男女歌手分立两旁，他们以天地作舞台，以山风流水作伴奏，一唱一和，比睿斗智，通宵达旦。他们的歌词多为即兴创作，歌里有美丽丰饶的自然万物，有妙趣横生的亘古奇闻，有温暖人心的好人好事，有代代相传的劳动智慧，有勉励人生的金玉良言，还有花好月圆的浪漫爱情……

畲族的山歌真可谓内容丰富、取材广泛，这是因为畲族人将山歌融入了生活，他们以歌为乐，以歌代言，以歌叙事，以歌传情，当然还有以歌为媒。所以"三月三"也是畲族的情人节，很多年轻男女在这一天通过对歌相识相知相恋，甚至选择在这一天结婚。

如今的畲族"三月三"，除了传承传统的节日内容，更成为一场畲汉同胞团结和睦、共同欢庆的文化盛会。

这场盛会中，编草鞋、织彩带、做竹编、打银器……各种非遗技艺在这里释放魅力，传递着非遗背后的情感和温度。其中，织彩带是畲族妇女的绝活儿。彩带就是花腰带，畲族姑娘从小就跟着母亲学习如何织出精致繁复的彩带，等到长大后，她们就将自己亲手织的彩带送给心上人，这是最美好的定情信物。

这场盛会中还有马灯戏和木偶戏等曲艺的展演，以曲艺的形式讲述着中华文化的多姿多彩、兼容并蓄。马灯戏是一种由人骑竹马扮演戏曲人物、演唱民间小调并进行舞蹈表演的曲艺形式。竹马一般蒙上纸或纱布，马首系在演员腰前，马臀系在腰后，仿若演员在骑马。演出时演员手握剑、枪、扇子等各种道具，或挥舞，或对打，诙谐生动，活泼有趣。畲乡盛行的木偶戏多为提线木偶，演员仅仅通过几根细线就能让木偶如真人一般灵活，再配合唱词的变化，来演绎各种故事内容。

　　盛会中最有意思的当属各种体育活动了，畲族、汉族同胞也正是通过这些体育活动进一步拉近距离、加深情感。"摇锅""稳凳""抄杠"……不论哪一项，光听名字就让人充满好奇，跃跃欲试。"摇锅"是由一至两人站在一口大锅里，运用身体重心的变化将锅向指定方向移动，以锅的任何部分抵达终点线后为止，最后根据同等距离内所用时间的长短决定名次。"稳凳"是将长木板架在一座三脚架上，参加比赛的两个人面对面坐在木板的两端，他们靠腿的蹬力进行旋转、上下翘起，在此过程中两人各自手拿十个圈套，将圈套投入两三米开外的木桩上，套中多者为胜。"抄杠"是用一根约两米长的棍子，由两个运动员各执一端，双脚前后蹲跳，彼此用力对顶，谁先跌倒或离开指定区域则为败。

　　畲族有句谚语："畲汉一家亲，黄土变黄金。"这句谚语说的是，畲族和汉族同胞一道，通过勤劳的双手和团结互助的精神，将山区的荒岭僻野化为富饶的茶园粮仓。这份情谊，畲族、汉族百姓一直珍藏铭记至今。所以，如今"三月三"这场欢乐的盛会才能成为一场共乐的盛会。

中华传统文化里的「三月三」

166

神州大地的春意春趣

〔清〕丁观鹏
《太平春市图》（局部）

湖南：浓情潇湘，多彩民俗

吃鸡蛋是"三月三"重要传统之一，源于祈孕求子的节日主题。"三月三，荠菜煮鸡蛋"，反映了在湖南等地，"三月三"有用荠菜煮鸡蛋的习俗。

荠菜多生长于田野、路边，营养丰富，鲜香可口。春天正是荠菜繁茂的季节，那么"三月三"为什么要吃荠菜煮鸡蛋呢？

据说这和三国时期的名医华佗有关。有一次，华佗外出采药，偶遇大雨，便去一老人家中避雨。进屋后，他发现老人被头痛、头晕等病症折磨得厉害。华佗替老人诊断，并在园子里采来一把荠菜，嘱咐老人取其汁煮鸡蛋吃。老人吃了以后，不但头不痛了，眼睛也不花了。于是，这个方法很快就被传开了，人们纷纷效仿用荠菜煮鸡蛋吃。由于华佗给老人治病的日期是三月初三，因此，民间便有了"三月三，吃荠菜煮鸡蛋，一年不头疼"的传统。

你知道世界上最大锅的荠菜煮鸡蛋在哪里吗？2015年"三月三"期间，它诞生于湖南省洪江市黔阳古城。这锅世界上最大的荠菜（地荠菜）煮鸡蛋由99千克荠菜、9333只鸡蛋共同组成，光用来煮蛋的锅的直径就达到3.3米。所以，每到"三月三"，黔阳古城就会出现万人同吃荠菜煮鸡蛋的壮观场面。

只见那幽深古朴的巷子里，那饱经沧桑的青石板上，数百张四方桌摆成一条条长龙，人们头戴荠菜花，围坐在桌前，形成了一道独特的风景。这时，一盘盘刚煮好的荠菜鸡蛋被端上桌，一阵阵清香扑鼻而来。"荠菜"又与"聚财"谐音，所以人们大快朵颐，只为讨个"聚财"的吉利，吃出吉祥，吃出健康，吃出这最春天的滋味。

"三月三，荠菜煮鸡蛋"的习俗在洪江已有上千年的历史了。相传其来历与唐朝宦官高力士有关。据清代同治年间的《黔阳县志》记载，唐肃宗上元元年（760年），高力士被流放到巫州（今湖南省洪江市黔城镇），次年三月初三，他在出城进香之时，发现郊外长满了荠菜，但是无人采摘。高力士深知荠菜的营养价值和药用功效，于是采摘荠菜与鸡蛋同煮，做成味道甚美的荠菜煮鸡蛋，与百姓分食。从此，当地的人们便有了三月初三吃荠菜煮鸡蛋的习俗。

在洪江，年满15岁的女孩子还会选择在"三月三"这天举行成人礼，作为正式成人的纪念日，所以"三月三"也被叫作"女儿节"。洪江"女儿节"的重头戏就是"古韵黔城·醉美洪江"女子成人礼大典仪式。仪式共有加笄、赐字、醮酒、拜谢、聆训、礼成6道程序。女孩儿们身穿传统服装，姿态优雅，在庄严肃穆的氛围中，接受古稀老人为她们束起发髻、对她们深情教导，最终在一声声"儿虽不敏，敢不祗承"的答谢声中，她们开启了各自人生的新旅程。

有人在"三月三"憧憬未来，也有人在"三月三"追忆过去。

湖南省张家界市桑植县的白族同胞在"三月三"期间一般要举行"三月街"活动。"三月街"的历史最早可追溯至唐朝。《云南通志·大理府·风俗》载:"观音市,三月十五日在苍山下贸易各省之货。自唐永徽年间至今,朝代累更,此市不变。"《滇中琐记》亦曰:"大理三月街,古称为观音市,在西门点苍山下……此市实昉于唐永徽年间。"如今,大理每年农历三月十五还保留着"三月街"的习俗,一般为期5至7天。活动期间,街上人山人海,商贸云集,人们按照传统习惯,白天进行贸易,晚上唱歌跳舞,热闹非凡,"千年赶一街,一街赶千年"就是对云南大理"三月街"悠久传统的真实写照。[①]

桑植县的"三月街"虽然也保存有白族"三月街"商贸与娱乐的因素,但其还有个重要的节日内容——祭祀游神,就是抬着本族神像对本族各支祠各房进行巡视。这是为了纪念最早率众迁徙到桑植的白族先祖而举行的一项极为重要的祭祀活动。

桑植县境内白族人的先祖是元末自云南大理辗转征战而来的将士。这种群体性的背井离乡,往往更需要一种精神寄托将大家牢牢地团结在一起。在"三月三"举行白族传统的"三月街"就成了这一精神寄托的体现。但与大理"三月街"不同的是,在桑植县"三月街"活动中,对家乡、对祖先、对同胞的情感超越了贸易与娱乐,祭拜祖先成了最为重要的内容。这正是我们中华民族不忘祖先、牢记根本、团结凝聚等优良传统的体现。[②]

①② 罗维庆、龙珍珠:《变异的三月街:历史记忆与民族认同》,《民族论坛》2010年第5期。

生活在湖南的侗族人又是如何过"三月三"的呢？我们一起去湖南省怀化市通道侗族自治县看一看。

这里的人把"三月三"当作"播种节"，就反映了"三月三"与农事生产的重要关系。

相传，侗族先民以桐树开花作为春天播种的信号。有一年，山上的桐树直到端午节都没有开花，侗家人左等右盼，最终误了播种期，导致颗粒无收，只能逃荒他乡。此后，为了吸取教训，侗家人每年三月初三都要召集全寨人开会，约定春耕日，并举行仪式，祈祷播种顺利、五谷丰登。所以，"三月三"在侗乡就成了"播种节"。[1]

通道"三月三"最有意思的活动之一就是斗鸟。由于境内多山地，林木旺盛，仿若一座"鸟的天堂"，所以当地人自古就与百鸟为友，与百鸟同歌。他们爱鸟护鸟养鸟，还喜欢斗鸟。以鸟类的活动节律标示时间，是我国古代常见的记时形式。岁时节日"三月三"与鸟也有着密切的关系，民间有许多相关的活动，比如清代《昌黎县志》中就记载："三月三日曰'蟠桃会'……男女俱簪柏叶，若门前插柳，以迎玄鸟……"[2]

通道"三月三"参加斗鸟的一般都是男人，各个年龄段的都有。他们一大早就提着各式各样的鸟笼从四面八方赶到村里的斗鸟场。大家前蹲后站，里三层外三层地围着一个长方形的高墩擂台。参赛者轮流提着鸟笼走上擂台，两两对决，胜者坐庄，败者出局。他们

---

[1] 杨芝干、王启友、何昌华：《侗族"三月三"》，《中华民居》2022年第2期。

[2] 刘芬芬：《"三月三"节日文化研究——有关其历史演变与现代创造》，硕士学位论文，上海师范大学，2011。

用的鸟一般是竹鸡和画眉,这两种鸟善鸣且好斗,外形俊朗,羽毛艳丽,具有较强的观赏性。斗鸟最为激烈的要数"鸟王争霸赛",常常斗得天昏地暗,令观众大饱眼福。最终,经过几轮争斗,连续不败的就是"鸟王"了。①

侗族人民的身体里流淌着音乐的血液,所以通道侗族"三月三"必不可少的习俗还有唱山歌、赛芦笙。

① 杨芝干、王启友、何昌华:《侗族"三月三"》,《中华民居》2022年第2期。

〔宋〕佚名
《桃花山鸟图》

侗族人民常说"饭养身，歌养心"，山歌就是他们的精神食粮。在"三月三"这样重要的日子，对山歌也是当地青年男女的最爱，他们通过一首首山歌来表达爱意、传递情感。赛芦笙往往更为热闹，能将节日的气氛推向高潮。伴随着阵阵响彻云霄的芦笙曲，全村人一起载歌载舞，庆贺佳节，这是通道侗族"三月三"最美的场景。

"三月三"这一天唱歌跳舞、聚会交友的还有湖南湘西土家族苗族自治州保靖县、泸溪县一带的苗族，他们将这一天称作"挑葱会"。

这天，姑娘们穿戴上绣服银饰，手拿一把铁嘴木把的挑葱刀，小伙子则拿着小巧的长把沙刀或二尺多长的短梭镖，从四面八方赶来赴会。人数少则几百，多则数千，大家会集在山坡上，以挖野葱为名，对歌、交谈，倾吐相恋之情。

这样浪漫的节日自然来源于一个美丽的爱情故事：

农历二月正是野葱生长时节。一天，男青年得戈与邻村女青年得雅在山坡地里挖野葱时相遇。两人一起边挖野葱边唱苗歌，双方因此产生了好感。回家时，两人约好三月初三再到山上挖野葱。不巧，他们以挖野葱为名谈恋爱的做法被大家识破了，引得几个村寨的男女青年纷纷效仿。于是到了"三月三"这天，大家都以挖葱为名会集一起在坡上唱歌，每年如此。这引起了村寨老人们的注意，于是村寨头人商议发起"挑葱会",变青年人暗地相恋为公开以歌交友、寻找知己。

在"挑葱会"上,各村寨一般各占一块地盘挑葱。男方挑过去,女方又挑过来,彼此之间一边揣度着对方的心事,一边做出各种丰富的动作或表情。待时机成熟,胆大的男子便会敞开心扉主动与心仪的女子对歌:"妹是胡葱长满山,哥是葱刀尖又尖。胡葱不长刀不挑,挑葱只挑妹心尖……"若姑娘有意,就会与男子相对而唱:"哥哥你是挑葱人,刀刀挑在妹的心。妹是葱叶哥是根,根不发芽叶不生……"就这样情深意浓地来来回回,从清晨一直唱到日暮。有时男女双方还会成群结队相互对歌,场面颇为热闹。①

如今,"挑葱会"已被赋予新的文化内涵,它不再是单纯的纪念先祖、对歌求偶的活动。依托吕洞山苗族原生态文化艺术节,"猴儿鼓""纺车舞"等当地特色文化也都在节日中得以呈现,活动还广邀各地、各族群众前来参与,充分发挥了"挑葱会"在实现文化传承、助力乡村振兴、铸牢中华民族共同体意识中的作用。

① 胡燕妮、王志清:《湘西吕洞山区"挑葱会"文化溯源与传承变迁》,《边疆经济与文化》2014年第3期。

海南：花开三月，山海相约

海南三月春正浓，黎风苗韵踏歌来。"三月三"是在海南生活的黎族、苗族民众悼念勇敢先祖、追求美好爱情的日子，也是海南最盛大的民间传统节日之一。

祖先崇拜是中华文化的重要组成部分，是中华民族的集体文化表征。黎族、苗族在历史上都是迁徙较为频繁的群体，对于他们而言，祖先就像一棵大树，荫庇着子孙后代，凝聚起家族成员，促进家族团结与发展。海南"三月三"的许多传说都与当地人的祖先有着密不可分的关系。

海南黎族民间流传着一个关于葫芦瓜的故事：

很久以前，人类曾经遭遇灭顶的洪水灾难，最终只有一男一女躲进大葫芦瓜里才得以幸存。洪水把这个大葫芦瓜冲到了海南岛，卡在了五指山上。待洪水退去后，这对男女走出了大葫芦瓜，但是荒无人烟的海南岛又一次让他们感到了绝望。于是，他们便分头去寻找人类的踪迹。

然而他们走遍了天涯海角，却始终没有觅得一丝人烟。眼看年纪渐大，第二年的三月初三，他们便在海南岛的燕窝岭上，以对歌的形式互诉衷情，最终结为夫妻。自此，他们开始生儿育女，使得人类有了延续，海南岛上也渐渐地有了生机。后来，每年的三月初三，这对夫妻的子孙们都会前往燕窝岭，追忆祖先美满幸福的婚姻和繁衍后代的丰功伟绩，久而久之就形成了"三月三"节日。

海南黎族"三月三"的来历还有一种是为了纪念他们的祖先"黎母"的说法：

很久以前，海南岛上还没有人类。有一次，雷公经过这里，找来一颗蛇卵，将它藏在海南岛的山中。次年三月初三这天，雷公再次经过海南岛，他打了一个大雷，将这颗蛇卵劈成了两半。

蛇卵裂开后，竟然从里面走出了一个美丽的姑娘。雷公便给这个姑娘取名为"黎"。于是，山中的动物们都跑来庆贺黎的诞生，大家亲切地称她为"阿黎姑娘"。

阿黎姑娘一天天地长大。这天，有个英俊勇敢的小伙子跨越大海来到了海南岛。两人一见倾心，就结为夫妻，在海南岛上繁衍生息。若干年后，两人都去世了。他们的子孙后代为了纪念祖先，便将阿黎姑娘尊称为"黎母"，把她当初诞生的那座山叫作"黎母山"。每逢"三月三"这天，大家就来到黎母山举办各种各样的活动来表达感恩与敬仰。

这些黎族"三月三"的传说都表现出黎族人民对祖先的崇拜和

追忆之情。海南苗族"三月三"也有类似的故事,虽然内容不同,但主题一样。在五指山地区就流传着这样一则有关苗族"三月三"的传说:

> 苗族有个祖先叫神农公。在神农公的时代,人们只能吃些树叶和草根充饥。神农公为了造福人类,就到处寻找更好的食物替代树叶和草根。
>
> 他历尽千辛万苦,尝尽百草野果,终于在农历三月初三那天找到了一些野谷的种子。他把这些种子播撒在大地上,种子很快就出芽了。他松土、拔草,悉心照顾,待谷苗花抽穗,又日夜守护,赶鸟驱兽,好不容易收获了黄灿灿的谷物。但他一粒未吃,而是把谷物都分给其他人,并教他们如何种植。
>
> 神农公去世后,大家为了纪念他的功德,每逢插秧和收获时,都要用谷物煮一顿饭,拿来祭拜他。农历三月初三是神农公找到谷物的吉日,大家便穿上节日盛装,煮好五色糯米饭,杀鸡买肉备酒共同庆祝,后来三月初三这天就被定为"三月三"节。

在苗族古歌中关于"三月三"还有这样一个说法:

> 古时候,有五位苗族祖先(分别姓邓、盘、李、赵、蒋)漂洋过海来到海南岛。五人在渡海途中约定:到达海南岛后,各自为生,

但每年的三月初三都要相聚。自此每年的"三月三"苗族人民都要欢聚一堂,以纪念自己的祖先。

上面每一个故事都是一首黎族、苗族人民对祖先的颂歌。从这些故事中我们可以看到,"三月三"之所以如此受到重视,正是基于中华民族敬畏生命、尊重生命、珍爱生命、感恩生命、创造生命、发展生命和超越生命的生命意识和崇高理念。这种生命意识也被赋予了更为浪漫的表达,"三月三"演化成男女追求爱情、追求美好婚姻的重要节日。像海南"三月三"中,就有许多以男女爱情为主题的传说。

有一年,海南保亭七仙岭地区遭遇多年罕见的干旱,人们苦不堪言,度日如年。某天清晨,有个叫亚银的小伙子站了出来,他对大家说:"我在梦里遇见了一只神奇的百灵鸟,这只百灵鸟告诉我,如果想要摆脱这场旱灾,必须爬到七仙岭的顶峰,吹起鼻箫来捉住它。"大家听到后,纷纷鼓动亚银去试一试。

亚银历经艰难险阻终于登上了山顶,他掏出鼻箫吹了起来,箫声远远传开。他一直吹了三天三夜,才见有鸟儿从空中飞过来,停在他面前的大石头上。亚银一看,果然是他梦里的那只百灵鸟。

然而,正当亚银准备捕捉时,百灵鸟不见了,面前出现了一个年轻漂亮的姑娘。亚银便将这个姑娘带回了家,取名邬香。邬香到

来后，七仙岭地区果然开始降雨，万物重新焕发了生机。

这件事被当地的峒主知道了，他听说邬香既漂亮又能歌善舞，便派手下将邬香抢到了自己家里。亚银从田间归来，得知了这个消息，心急如焚，赶忙跑到峒主家中救出了邬香。峒主带领手下去追赶，在一块大石头旁发现了他俩。

亚银急中生智，掏出怀揣的匕首，只听嗖的一声，峒主被亚银的匕首刺中，摔下了山崖。就这样，七仙岭的旱患得以解除，峒主也被消灭，大家的日子一天天好了起来，笑声、歌声洋溢村寨。亚银和邬香在这一年的"三月三"这天变成一对百灵鸟飞上天空，在天庭举行了婚礼。后来，人们为了纪念亚银和邬香，学习他们勇于为民除害的斗争精神，每到"三月三"这天，便聚集在一块歌颂二人。

海南的俄贤岭地区也有这样一个故事：

相传在很久以前，海南一座山上有个石洞，洞里住着一只作恶多端的乌鸦精。这只乌鸦精大得出奇，它的翅膀一伸，便可遮天蔽日。这只乌鸦精不仅吞吃家禽家畜，还到处抢掠美丽的少女，甚是可恶。

一天，有个美丽的少女俄娘被乌鸦精抓到了洞里。俄娘的心上人阿桂悲痛万分，在三月初三那一天，他手执弓箭、腰挎尖刀独自一人爬上山想要去救俄娘。乌鸦精发觉后，挥了挥翅膀，扇起一阵风。阿桂不幸从山上摔下，死了。

俄娘知道心上人被乌鸦精害死了，伤心欲绝，誓要报仇。她趁乌鸦精熟睡之际，拿起弓箭，用浸过毒药的箭头杀死了乌鸦精，为百姓除了祸害。

从此，每到三月初三这一天，俄娘都要到山上吊祭阿桂，唱她和阿桂恋爱时的情歌，以及怀念阿桂的哀歌，表达她对爱情的忠贞不渝。俄娘终生未嫁，她死后被葬在了那座山上。人们为她的事迹所感动，就将那座山叫作俄贤岭。"三月三"也逐渐成为当地男女青年纪念这对情人、寻找自己意中人的传统节日。

看完这么多的传说故事，我们不禁对海南的"三月三"充满了想象与憧憬，那么海南人到底是如何庆祝"三月三"的呢？

在"三月三"到来的前半个月，海南黎族、苗族人民就开始了精心的准备工作。男人们一般要上山打猎，他们将捕获的猎物用盐腌好并密封保存起来，以做祭品；女人们则要准备好糯米，在家制作粽粑、糍粑等各种小吃，还要杀鸡宰鹅，用以祭拜祖先。年轻人还会准备漂亮的节日服饰以及别样的定情信物。①

五指山地区燕窝岭的"三月三",庆祝活动一般为两天,即农历三月初三、初四。初三清晨,男女老少早早就起床梳洗打扮,他们身着节日盛装,带着山兰米酒、竹筒香饭和粽子等各色美食,手打花伞,一路欢歌笑语,成群结队地前往会集点。

白天,姑娘们一般会先到,她们躲藏在山上的树林里等待小伙子们到齐后,再一起欢度节日。小伙子们用弓箭、鱼叉在溪水里捕鱼,姑娘们则在岸边烤鱼、煮糯米饭,然后把随身带来的粽子、糕点、烤鱼、糯米饭摆出来,祭拜祖先,祈求幸福和平安。

当太阳开始升起,热闹的箫鼓乐声也渐渐响起,小伙子纵情欢跳,引吭高歌,姑娘们则躲在绿树丛中,手持"布任"(一种香树枝叶)半遮面,窥视心上人。等小伙子们将林子包围起来,姑娘们才从林中一起跑出来,与小伙子们一起,一边唱歌,一边跳舞。

节日期间,姑娘和小伙子还会组织对歌、吹鼻箫、打叮咚、爬竿、摔跤、拔河、荡秋千、粉枪射击和弓弩射箭等活动,纵情欢度吉祥节日。

夜幕降临,在熊熊燃烧的篝火旁,歌舞盛会开始了。大家围坐在一起,聊聊天叙叙旧,有的人直接和着节拍,跳起欢快的"槟榔舞"和"竹竿舞"。

待到月上中天,随着一声声长长的口哨,"山恋"活动开始了。"唱支山歌上山坡,月亮未圆星星多;山上阿妹你是谁,可敢与哥对

---

① 龚莉:《海南民俗节庆研究——以海南黎族、苗族三月三为例》,《戏剧之家》2017年第3期。

山歌?""早春来到山花香,不见蜂来妹心慌;爬上高坡望路口,月光底下等情郎。"……男女青年们通过对山歌寻觅爱情,建立友情,传递真情。一旦相中后,这对情人便悄悄离开篝火旁,一起分享一种嵌入糖心的"灯叶"糕饼。姑娘还会把亲手编织的七彩腰带系在小伙子的腰间,小伙子也会把耳铃穿在姑娘的耳朵上或把鹿骨做的发钗插在姑娘的发髻上。双方信誓旦旦,相约明年"三月三"不见不散……[1]

经过多年的积累和沉淀,海南"三月三"在继承传统的基础上,还增加了歌舞表演、文艺体育竞赛、文化旅游展、海峡两岸发展论坛、商贸洽谈会、推介会等新的内容,发展成为集商贸、旅游、文化娱乐及节日欢庆于一体的节日。2006年,黎族三月三节被列入第一批国家级非物质文化遗产代表性项目名录。海南"三月三"活动向世人展现了海南传统文化独特恒久的魅力,也为海南的现代成就书写赞美诗篇,向世界发出了来自春天的邀约。

[1] 李诚迁:《少数民族节日》,中国社会出版社,2006。

竹竿舞

　　竹竿舞是海南黎族三月三节举行的一种古老且特别的祭祀仪式，当地也称作"打柴舞"。持竿者姿势有坐、蹲、站三种，变化多样。在有节奏、有规律的碰击声里，在竹竿分合的瞬间，跳舞者不但要敏捷地进退跳跃，而且要潇洒自如地做出各种优美的动作。竹竿舞在中国南方黎、壮、瑶、苗、京等多个民族中广泛存在。广西武鸣"三月三"也有跳竹竿舞的习俗，千名壮家青年男女以跳竹竿舞来庆祝自己的节日，形成"千人竹竿舞"的壮观景象。

云南：七彩春天，缤纷佳节

正月正，家家户户看龙灯；
二月二，场子上面唱"包二"；
三月三，约着姐妹耍西山；
……

这是一首云南昆明的民谣，歌中唱的是当地一项传统的春游习俗——"三月三，耍西山"。

每逢农历三月初三，昆明附近各地各族群众都会身着盛装，成群结队奔向西山。大家拾级而上，一路上唱山歌、对调子、跳花灯、跳民族舞……每个人或参与或欣赏或感受，将自己尽情地融入这片充满欢乐的春日山林之中。

早在明朝天启年间的《滇志》里就记载了这一活动："三月三日，谒岳庙，为南岳。谒真武于西山罗汉寺，或东之鸣凤山金殿。或先期赴易隆中和山，行两日程。或负香之郧襄谒武当，往返数月。"说的是，每逢"三月三"，昆明人要到南岳拜岳庙，到西山罗汉寺拜真武大帝，到东边的鸣凤山拜金殿，或者提前两天就到易隆（今属寻甸）去拜中和山的庙宇，还有人携带香火跑到武当山（在今湖北）去拜佛，"往返数月"之久。

据说，三月初三是真武大帝诞辰日，所以昆明人要在那一天上西山去祭拜真武大帝以祈求平安吉祥，由此逐渐形成了西山庙会，并演变成独具特色的"三月三，耍西山"民间民俗活动。

西山又有"睡美人"之称。远远看去，西山绵延的山脉宛如一位美女仰卧在蓝天之下，轮廓分明，甚至仿佛能看到她飘向滇池的冉冉秀发。所以，关于昆明的"三月三，耍西山"有着一个与"睡美人"有关的动人传说：

很早以前，滇池岸边有一个勤劳美丽的彩云姑娘。她虽然是一个孤儿，但非常有本事，能织网、会划船、善打鱼。她十分擅长捕鱼捞虾，每次一有收获，不仅自己食用，还经常分给村里人。

不幸的是，彩云姑娘日夜操劳，终于积劳成疾，卧床不起。一天夜里，一位白发老翁来到她的床前，帮她把了把脉，然后递过来一个桃子，叫她立马吃下去。彩云姑娘刚吃下那个桃子，老翁就飘然而去，紧接着她就安然入睡了。她这一睡就睡了一整个冬天，直到来年三月初三才醒来。人们称她为"睡美人"。

从此，每年寒冬腊月，她就会进入"冬眠"状态，安详地沉睡在滇池之畔。到第二年三月初三，她才醒来。冬日里她躺在那里，就是人们看到的西山。到了春天，人们"三月三，耍西山"，就是去睡美人笑醒的地方玩耍。

"三月三，耍西山"

"三月三，耍西山"是各民族共同欢庆的节日。在那一天，西山上到处都是欢声笑语。人们聚集在一块儿，围成一个又一个圈。人群里有提着花灯的汉族老人，有弹着月琴的彝族小伙子，有跳着舞蹈的白族妇人，还有对山歌的各族男女……大家一边观赏春色，一边品尝美食，一边歌舞狂欢。

"三月三，耍西山"如今越来越受到重视，当地政府也组织开展了一些有意义的活动，比如举办了"西山睡美人"文化艺术节，组织滇剧、葫芦丝、民族舞蹈、山歌小调等各种民族民间艺术表演；举办非物质文化遗产专题展览，组织非物质文化遗产代表性传承人及民间艺人向广大群众展示陶艺、刺绣、雕刻等非物质文化遗产，弘扬和传播民族民间文化等。群众一如既往地自发参与，积极响应。"三月三，耍西山"不断突破内容、地域的界限，发展成为极具代表性的民间艺术交流、展示的平台，成为云南民俗文化中一颗璀璨的明珠。

除了"三月三，耍西山"，在云南省文山壮族苗族自治州广南县还有"三月三，赶花街"的风俗。"赶花街"，是属于壮族青年的节日，每到这一天，青年们便会盛装打扮，到那伦、者兔、旧莫等地赶集，寻找、挑选自己心仪的对象。赶集在云南也叫赶街，因此当地将这一活动称为"赶花街"。

关于"赶花街"的来源有两种说法：一种说法是过去人们为了冲破包办婚姻的桎梏，争取自由恋爱、择偶而兴起的习俗；另一种说法是为了传递春耕节令的信息而兴起的习俗。

"赶花街"历史悠久,据传,清朝时广南县阿科的"花街"规模最大。至今流传的一首壮歌就记录了当时的盛况——"晼金三岜崴,芲馨夛倒涝"(壮语),意为:每天参加唱歌的人,要吃掉三百头水牛,朝廷派来的流官,在花街着迷忘了办公事。

每当节日临近,广南的姑娘、小伙子们便忙了起来。心灵手巧的姑娘们要亲手缝布鞋、绣鞋垫、织布做衣准备送给心上人。小伙子们也要提前采购头巾、首饰等传情的信物。长辈们更是不会闲着,他们要准备各种丰富的节日美食,如花糯米饭、红鸡蛋等,让孩子们在节日当天带到"花街"一起享用。

到了节日当天,姑娘、小伙子们一大早便会起床梳洗打扮,换上节日的盛装,佩上琳琅满目的首饰,带着提前准备的礼物和美食,有说有笑,边走边唱地来到"花街"。

此时若你也置身其中,便会明白为什么这个活动被称为"赶花街"了。只见整条街上随处可见"花":姑娘们穿着花衣裙,戴着花头巾,穿着绣花鞋,背着绣花包,小伙子们也拿着各种花花绿绿的信物,最重要的是,每个人脸上都洋溢着花朵一般灿烂的笑容。

大家走走停停、左顾右盼,寻觅着合适的对象。一旦有彼此看对眼的男女,便开始纵情高歌,你来我往、有问有答地对唱起来。此起彼伏的歌声飘荡在整条街上,营造出热烈、欢乐的节日气氛。

美妙婉转的歌声有时还会吸引更多的人围观甚至加入。大家先以群体的形式对唱，增进了解，传递心意，待时机成熟，便逐渐成双成对地离去，私下相处、交流。街道旁、田野边、小溪畔、树荫下随处可见一对对男女在互诉衷肠、互吐爱意。情到浓时，姑娘、小伙子便拿出食物分享，互赠礼物私定终身。待"花街"散去，便回家禀告父母，择吉日成婚……

如今看来，"赶花街"这古老而传统的风俗，仿佛人们用音符编织出的一幅民族风俗画。画里有淳朴自然的风土人情、有锦绣如织的烟火人间、有奔波流转的百态人生，更有诚挚热烈的温暖人心。

我们再来到云南省曲靖市师宗县五龙壮族乡，这里的人们把"三月三"过成了泼水节。

泼水节是我国傣族和中南半岛某些民族的新年节日，是逐渐从原始的宗教节日转变为一种迎耕祈雨的节日。"三月三"节庆中，本身就有水滨祓禊、水边祭祀等一系列与水崇拜相关的活动，于是，五龙地区便也将"泼水"仪式纳入自己的"三月三"活动中来。

"三月三"这一天的早上，五龙地区的村里最有威望的老人首先要带领乡亲们去参加祭祀仪式，以祈求新的一年风调雨顺、丰衣足食。祭祀仪式过后，便正式拉开了节日的序幕。大家打鼓的打鼓，唱歌的唱歌，嬉戏的嬉戏，有时候还会举办各种文艺演出，好不热闹。

节日的高潮就是五龙人期盼已久的"泼水"仪式了。只见全村男女老少统一穿着轻便的服装，有的拿着盆、有的拿着桶，他们将新的一年的祝福——水，泼洒到每个遇见的人身上。[1]

---

[1] 孙俊：《浅析五龙壮族"三月三"中的泼水节仪式》，《戏剧之家》2019年第6期。

吉祥的水花在空中绽放，美好的祝愿在心中传递。泼水声交织着人们的欢声笑语，奏响了一曲欢乐进行曲。

这边五龙"三月三"泼水节的欢乐还在继续，那边金平苗族瑶族傣族自治县的一些村寨则正在进行一场严肃、庄重的祭龙仪式。

龙被奉为中华民族人文始祖黄帝所在部落的图腾，它植根于中华民族悠久历史和灿烂文化的沃土，如今已是中华民族的象征。因此，这场祭龙仪式正是与河南新郑黄帝拜祖祭典遥相呼应的祭祖活动。

金平祭龙仪式主要祭祀的是位于村寨上方的"龙树"，过去一般要举行三天，即第一天（三月初三）祭龙，第二天（三月初四）养龙，第三天（三月初五）祭路。在祭祀期间，既不许本村人外出，也不许他村人路过，以示慎重。若有人因不知情进入了村子，则需要等到祭路结束才能离开。当然，在不出村期间会有好酒好肉相待。同时，祭祀期间也不许将绿色植物带入村中，若有人违反规定，将受到相应的惩罚。如今的祭龙仪式已省略了"养龙"这一环节，也没有那么多的忌讳了。

每年的祭龙仪式由"龙头"负责。"龙头"是怎样选出来的呢？举办祭龙仪式的村子被分成多个小组，每组三十户左右。每年由每个小组轮流坐庄，当年坐庄的小组的农户就为"龙头"了。

〔清〕黄慎
《桃花源图》

  轮到当"龙头"的农户需要事先准备一些米,在农历三月初三这一天做一甑蒸糕并抬到龙树旁献祭,同时还要杀猪、煮饭进行祭祀,以祈祷当年风调雨顺、有好收成,家家户户平平安安、人丁兴旺。从上一年祭龙以后,到当年祭龙前,村中若哪家生了儿子,也要蒸一甑蒸糕,抬到龙树处献祭,供大家享用;若是哪家生了女儿,则磨好一盆水豆腐,抬去让大家分享。

  杀猪祭祀完毕,每家派一人到龙树处共同用餐,生了儿女并抬蒸糕或水豆腐去献祭的人家可多去一人。祭祀用的猪肉,除了部分留作晚餐,还要给每家分几斤,大家一起享用。

  等到农历三月初四,就要举行祭路活动了。传说过去由于森林茂密,经常有熊、虎、豹、狼等猛兽出没,伤害人及家禽家畜,人们就通过祭路来吓走猛兽。

  祭路也是由坐庄的"龙头"来操办,由他们买来几只鸡和几条狗宰杀后献祭。当天晚上,同样每家一人(上一年生儿育女的人家可多去一人)自带酒饭聚餐。

  金平是一个多民族聚居的地区,当地汉族、彝族、哈尼族等多个民族均有祭龙的传统。可以说,这样的祭龙活动,既是源远流长的中华人文精神的体现,也是中华民族文化深层次的凝练标记。

贵州：春风黔行，飞歌踏舞

农历三月，正是农业春耕生产即将开始的日子，所以许多地区的"三月三"都表现出了鲜明的农耕文化色彩。贵州布依族所生活的地区尤其如此。

贵州省黔西南布依族苗族自治州贞丰县的布依族同胞在过"三月三"时会祭祀山神，又叫"过三月虎"。这一活动早在清乾隆年间《兴义府志·地理志》就有记载："……每年三月三各聚分肉，男妇筛酒，食花糯米饭……三、四两日，各寨不通往来，误者罚之。"

当地传说，古时候掌管着农业生产的山王神出生于农历三月初三，伴着他的出生各种蚊蝇、蝗虫等害虫也随之而来，使庄稼受灾，人畜患病。后来，每年的农历三月初三，布依族村寨都要进行"扫寨驱邪""祭祀山神"等活动，以保佑人畜平安、五谷丰登。

"扫寨驱邪"主要就是为了驱邪祟、保丰收。"三月三"当天，人们先请来"补摩"（即摩公），召集"扫寨"队伍，备好草龙（又称"香火龙"）、龙船（又称"小火龙"）、符纸等物件。"扫寨"队伍身披蓑衣，头戴斗笠，脚穿草鞋，随后，他们在"补摩"的带领下，舞动草龙，鸣锣击鼓，浩浩荡荡地一家一户进行"扫寨"。每到一家，"补摩"便会念诵祭扫词，将五谷杂粮向屋里抛撒，驱赶邪祟。

临走之前,还要在门框上方和畜圈门上各贴一张符纸。"扫寨"队伍绕着整个寨子走完一圈后,还要在寨门口或者河边焚烧草龙和龙船,之后三天内,不许外人进寨,也不许本寨人拿东西进出寨子。

"扫寨驱邪"结束后便要开始"祭祀山神"。"山神"在布依族人民的心中具有很高的地位,他们认为"山神"是寨子的保护神,可以护佑全寨风调雨顺、五谷丰登、六畜兴旺。祭祀开始后,所有参与者都要在寨老的带领下对"山神"三跪九叩、焚香燃纸以祈求祝福和庇佑。

在男性家长参加"祭祀山神"的同时,家中其余老少都要跑到山上去"躲虫",也就是躲避各种虫害、疫病和灾难。而参加祭祀活动的人,会在寨中各路口用龙竹建成寨门,门上系着沾上鸡血的纸马和一把木刀,以示封寨,禁止外人进寨及本寨去"躲虫"的人入寨。等到寨老通过祭祀把害虫"封死"后,"躲虫"的人才可以回家。

在上山"躲虫"的时候,便是布依族青年男女"浪哨"对歌的最好机会,他们会通过甩花包、吹木叶、吹勒尤、弹月琴、拉四弦胡、对山歌等形式,选择自己的心上人。由此,"三月三"也成了布依族青年男女谈情说爱、择偶论嫁的吉日良辰。[1]布依族天生爱唱歌,有些地区的人们甚至直接将对歌也赋予了农事意义。比如贵阳市南部的郊区就流传着这样一个故事:

[1] 毛天松:《布依族"三月三"节日文化研究》,《科教导刊》2012年第26期。

自古以来，布依族人民就喜爱对唱山歌。天上有位歌仙许诺他们，在对歌中谁唱的歌最动听，就赠给他一副"金嗓子"。有了这副"金嗓子"的人，在劳动的时候只要开口唱歌，田里的害虫就会害怕，不敢来危害庄稼了。于是，人们便在"三月三"举行盛大的赛歌会，希望胜出获得歌仙奖励的"金嗓子"，从而保得一年庄稼不遭虫害，岁物丰成。

贵州布依族的"三月三"还有许多其他的活动也充分体现了中华民族丰富的农耕文化底蕴。比如在"三月三"期间，很多村寨会重申"议郎古规"。"议郎古规"约等同于当今的村规民约，"议郎古规"的内容包括：一是本寨各姓氏人家，须听从寨老的指挥，自觉保村护寨，主动者得奖赏，怠慢者受惩罚；二是各家各户须收拾好房前屋后，注意环境卫生，管好儿女，禁止玩火，违者严惩；三是各户家长，须教育子女，遵守礼规，犯禁者赶出村寨；四是所有村民，不能乱砍伐公共林木，不能放火烧山，犯者罚猪、鸡赎罪等。这些规矩，寨里男女老少都要严格自觉遵守，监督执行。[1]"议郎古规"是农耕社会下维系村寨稳定和发展的纽带，如今也成为推动民族团结和社会和谐的重要桥梁。

人们通过节日相聚，载歌载舞，共同欢庆，获得精神上的愉悦，也促进彼此情感的加深。贵州省黔南布依族苗族自治州惠水县、六盘水市水城区等地的苗族"三月三"跳花节就是很好的证明。

[1] 毛天松：《布依族"三月三"节日文化研究》，《科教导刊》2012年第26期。

"跳花"又称"跳月""采花""扎山"等，明弘治年间的《贵州图经新志》中就有关于"跳花"的记载："其俗婚娶，男女相聚歌舞，名为跳月。情意相悦者为婚。"清陆次云的《峒溪纤志》中记载："苗人之婚礼曰跳月。跳月者，及春月而跳舞求偶也……"《黔苗图说》也曾记载："每岁孟春，择平壤之所为月场，未婚男子吹笙，女子摇响铃，歌舞戏谑以终日。暮则约所爱者而归。"这些记载可以让我们一窥跳花节之古老面貌。

跳花节活动都是围绕着花树进行的。所以在"跳花"前后要祭花树，祭花树主要包括"选花树""砍花树""请花树""送花树""插花树""拜花树""收花树""藏花树"等一整套特定的程序。选花树之前要先选花树老人，由他们代表全寨人上山选择要用的树。花树老人由村寨里几位德高望重的男性担任，他们一般家境比较殷实，且夫妻和睦、儿女双全，处事公平能服众。选好花树老人后，他们便择日上山选树，其间所有人必须保持沉默，各自默默地观察树枝是否稠密、树叶是否圆润、树干有无伤痕等。待回村后，大家再将所选之树进行比较，最终集体讨论决定选择哪棵作为花树。花树通常选用香樟树，因为香樟树生命力顽强，具有保民健康、祛邪避凶、求子求福的美好寓意，因此在跳花节这一天，村民们还会在花场讨几片花树的树叶带回家去，以此来祈祷平安，祈求福泽。

选定花树，花树老人便要委派寨老、寨中青年用酒和鸡来祭奠选中的花树。祭典完，便可将花树砍下了。随后，在阵阵礼炮声中，花树老人会组织好一支仪仗队接过花树并送至花场。送花树时，由两名男青年手舞大刀在前面开路，两名女青年唱着花场叙事歌在一旁欢送，其余数百名芦笙手在花树老人的带领下，将花树簇拥到花场，礼绕三圈，再将花树插到花场中心。这时芦笙手们单腿往前，左右侧身，对着花树三次跪下，如此三拜九叩地进行拜花树。①

　　随之而来的就是最重要的环节——跳花。跳花开始之前，由主持人致辞开场，同时向到来的亲朋好友表达感谢和祝福，宣布跳花开始。接着，芦笙队和若干名苗家妇女开场，他们围着花树演奏、舞蹈。开场结束后才是跳花最精彩的部分，跳花会有很多表演和娱乐活动，比如芦笙舞、杂技表演、山歌对唱、摔跤、赛马等。其中，最受欢迎的是山歌对唱，三五成群的人们坐在一起，通过山歌对唱来话家常、抒心意。②夜幕降临，花场周围渐渐点满篝火，这时，是青年男女们寻觅良缘的最佳时机。他们通过"喊歌"相互联络，若有彼此相中的，便成双成对地离场，做进一步的了解。在整个夜间的活动中，"扯花背"最具特色。"花背"即苗族服饰中的刺绣披肩。天一黑，姑娘们便将带来的花背全部穿上，等待着小伙子们来扯。一个小伙子可向不同的姑娘扯花背，姑娘自己所有的花背也可任不同的小伙子扯去。最后，得到花背的小伙子必须把花背分别送还姑娘。若姑娘有意，便不再收回花背，一段美好的姻缘由此开始。

① 罗红英：《六盘水苗族跳花节文化形态研究》，《六盘水师范学院学报》2013年第6期。

② 周晶晶：《浅析民族节日内涵与族群认同——以织金县苗族跳花节为例》，《文化产业》2022年第35期。

当黎明即将来临的时候，就要举行收花树和藏花树仪式了。这棵受过祭拜的花树将被花树老人保护着悄悄移出花场，送到一个易于隐蔽、不被人畜践踏的洁净地方收藏起来。在苗族人民看来，花树是神树，是祖先，只有藏好了才能保佑大家。藏好花树后，整个跳花节活动也就结束了。①

有时，人们还会邀请亲朋好友到家中做客，延续花场上和谐、欢乐的场景。

跳花节内容丰富，包含了祖先祭祀、祈祷许愿、联络情感、娱乐竞技、婚恋社交等，充分体现了苗族人民的聪明才智。在贵州省镇远县报京侗寨生活的人们，也通过"三月三"的"讨葱定情"来展现他们的艺术创造力。

"讨葱定情"是报京侗寨"三月三"讨葱节的重要习俗。在了解什么是讨葱节之前，我们先来看一个凄美的民间故事：

很久以前，聪明美丽的侗家姑娘良英，爱上了寨子里勤劳朴实的穷后生桥生。然而，良英的父母嫌贫爱富，非要把女儿许配给财主的儿子，婚期就定在这年的三月初四。

感情专一的良英，对心爱的人忠贞不渝。到了三月初三，良英捞了半箩篓鱼虾，摘得半篮葱蒜，和桥生来到莫嘎树下相会。不料，他们被财主发现了，财主喊来家丁毒打了这对相爱的情侣。

有情人悲痛欲绝，于是各自在莫嘎树下印上一对深深的鞋印后，

---

① 罗红英：《六盘水苗族跳花节文化形态研究》，《六盘水师范学院学报》2013年第6期。

携手跳崖。这段荡气回肠的爱情故事,虽然结局悲惨,但他们那种反抗封建压迫、争取婚姻自由的精神,让所有人为之动容。时光流转,后人为了纪念桥生与良英,就把"三月三"定为"讨葱节"。

讨葱节从农历三月初一开始,到三月初五结束,尤以三月初三这天最为隆重。三月初一,寨中各家的主妇就忙碌起来了,她们既要为全家准备过节的新衣服,还要杀鸡宰鸭、磨豆腐,备好过节食用的各类酒菜。

三月初二则是姑娘向情郎送笋篓的日子。这天早饭后,姑娘们三五相邀,背上笋篓,到水田里捞鱼虾。姑娘将半笋篓鲤鱼和虾米送给情郎,称为"送笋篓"。凡得到礼物的情郎,都要与伙伴们在山坡上烧火煮菜,共进野餐,分享爱情的喜悦。

三月初三,是寨子里最热闹的日子。这一天,男女老少全部盛装出席,方圆几十里的各族同胞都慕名赶来参加盛会。一大早,姑娘们就要去采摘大葱和蒜苗。在当地人眼里,葱代表纯洁的侗家姑娘,蒜代表帅气的侗家小伙子,葱蒜组合代表着两人的爱情"一清二白"、矢志不渝。所以采完之后,姑娘们还会来到河边把大葱和蒜苗洗得干干净净,因为这象征着她们纯洁、忠贞的爱情。

一切准备妥当,她们便精心打扮,穿上华丽的衣裙,戴上精致的配饰,提着葱篮结伴出门。待三声铁炮响起,姑娘、小伙子和各路宾客云集莫嘎树下,开始对歌。大家都使出看家本领,将自己最拿手的情歌一首首唱出来，希望通过歌声来打动意中人的心。伴随着美妙、悦耳的歌声，终于迎来了最激动人心的讨葱篮环节。如果来讨葱篮的正是意中人，姑娘还会先故意躲避几次，不肯撒手。这时小伙子一定会持之以恒地讨要，直到姑娘羞涩地把篮子松开。

一旦讨到了葱篮，就说明姑娘对这个小伙子已经芳心暗许。小伙子便会神采飞扬地向身边人炫耀，那些讨不到葱篮的人，羞得恨不得挖个地缝钻进去。最后，心有所属的男女还要约定时日归还篮子，以便征求女方父母的意见，进一步把婚约确定下来。还篮子一般定在农历四月初八或农历六月初六，小伙子一般会准备布料、丝线、糖果等许多礼物在这一天赠予女方。"讨葱定情"是报京特有的风俗，这种在公众面前定情的方式，反映了报京极其自由的婚恋观。

等到中午时分，寨子里盛大的迎客仪式开始了。前来过节的各位宾客与报京人同跳芦笙舞，合唱迎客歌，共吃长桌宴，纵情狂欢到太阳落山。晚上，节日的氛围丝毫未减，大家的热情也愈加浓郁，一对对有情人用歌声传递绵绵爱意。歌声一直延续到三月初四，直到悠扬的芦笙响起，大家围在一块儿踩着欢快的鼓点，喝着醇香的米酒，吃着美味的食物，无比陶醉。

欢乐的时光转瞬即逝，转眼就到了节日的最后一天——三月初五。在一首首送客曲中，只见寨中男子扮作女性前来送客，他们头

中华传统文化里的『三月三』

〔明〕吴彬
《岁华纪胜图》（局部）

戴银饰，身穿女服，披红挂绿，以表热情。①

"士与女，方秉蕳兮……伊其相谑，赠之以勺药。"从《诗经·郑风·溱洧》中记载的男女拿着清香的兰草前往游玩，互赠香芍药以表达爱意，到如今的"讨葱定情"，以葱篮试探爱人心意，这延续千年的浪漫缘结于中华文化的深度与厚度，也促进了中华文化的继承与发展。

① 杨芝干、王启友、何昌华：《侗族"三月三"》，《中华民居》2022年第2期。

看过了这么多地方的"三月三",我们仿佛经受了一场场绵绵春雨的洗礼。这是因为从传统农耕时代走来的"三月三",与大自然的关系非常密切,不仅节日活动举办时间、地点多在春日郊野,内容也多与自然万物息息相关,是人与自然和谐共生的体现。在这样的一个节日,人们或为了感恩自然的馈赠,或为了激发生命的活力,或为了增强情感的联结,创造了底蕴丰富的节俗,还将共同的生活理想与审美追求融入进来。

思祖追远的庄严,踏青赏花的悠然,倚歌传情的浪漫,运动竞技的激情,寻食"尝春"的野趣……正是这些美好的事物,共同丰富了我们的"三月三"佳节,也共同缔造了这底蕴深厚的"三月三"文化。

  几千年来，中华民族之所以生生不息，正是得益于我们拥有未曾中断的文化血脉。如"三月三"这样的中华传统节日，承载了历久弥新的民族集体记忆，贮藏了交融共生的民族文化基因，锻造了厚德行健的民族性格精华，积淀了深沉远大的民族理想追求，维系了稳定持久的民族情感认同，也滋养了我们对自然的感应、对故人的追忆、对收获的期盼和对美好的向往。而更重要的是，其中凝结着伟大的民族精神，是我们中华民族生命力、凝聚力和创造力的不竭源泉。

  "三月三"的春风吹拂了中华千年，也吹遍了神州万里。而今天，这场春风还在继续吹着，吹进了新的时代，也吹向了新的世界。"三月三"被赋予推动中华文化更好走向世界，促进世界各国人文交流、文化交融、民心相通的时代内涵，朝着现代国际节庆一步步迈进。

到这里，关于"三月三"的故事我们就讲完了。如果要用一段话去总结它，我们想应当是这样的："三月三"是古老的，也是新潮的；是朴实的，也是浪漫的；是庄严的，也是有趣的；是来自春天的，也是归于人间的；是属于中国的，也是属于世界的。

传承弘扬优秀文化，构筑共同精神家园，这是"三月三"在当今时代的价值所系。与此同时，也让我们期待，"三月三"能够进一步成为打开世界人民心灵的钥匙，成为各国人民了解中国、理解中国的舞台，也期待世界能成为一个大"歌圩"，所有人都可以尽情欢唱，乐享其中，用歌声诉说爱和梦想，用歌声传递祝福和希望。